사진가가 찾은
한국의 아름다운 성당 50선

KB191941

사진가가 찾은
한국의 아름다운 성당 50선

발행일   2025년 1월 14일

지은이   조남대, 홍덕희
펴낸이   손형국
펴낸곳   (주)북랩
편집인   선일영   편집   김현아, 배진용, 김다빈, 김부경
디자인   이현수, 김민하, 임진형, 안유경   제작   박기성, 구성우, 이창영, 배상진
마케팅   김회란, 박진관
출판등록 2004. 12. 1(제2012-000051호)
주소   서울특별시 금천구 가산디지털 1로 168, 우림라이온스밸리 B동 B111호, B113~115호
홈페이지 www.book.co.kr
전화번호 (02)2026-5777   팩스   (02)3159-9637

ISBN   979-11-7224-435-4 03230 (종이책)   979-11-7224-436-1 05230 (전자책)

교회인가 2025년 2월 27일 서울대교구 교구장 정순택 베드로

사진가가 찾은

한국의 아름다운 성당 50선

한국 천주교의 역사와 숨결을 찾아 떠나는 순례길

조남대
홍덕희
지 음

기도와 역사가 숨 쉬는 한국 성당 50곳
사진과 이야기로 순례자의 길을 밝힌다!

북랩

추천사

성당은 인간이 다양한 건축자재들을 동원하여 지은 '지상의 건축물'입니다. 이곳은 우리의 아픔과 슬픔을 삭이고 때론 하늘의 기쁨과 평화를 맛보기도 하는 '천상의 집'이며 거룩한 기도의 장소입니다.

성당은 지으려고 준비하는 과정부터 신자들의 많은 기도와 정성이 모이고 합쳐져서 이루어지는 '공동체의 집'인 것입니다. 사람들은 그 집에서 각자가 갖고 있는 애환과 삶의 역사를 풀어내고 소망하는 것을 간절히 기도하며 하느님께 자신을 온전히 '내려놓음'을 통해서 마침내 어떤 '채워짐'을 경험하게 되는 장소가 되기도 합니다.

우리나라에는 크고 작은 1,790개의 성당과 539개의 공소(주임신부가 상주하지 않은 작은 성당)가 있습니다. 이 중에서 50개를 선택해서 일일이 찾아다니며 사진을 찍고 그곳 역사를 공부하며 주변의 풍광들과 어우러진 모습들을 스케치하는 일은 결코 쉬운 일이 아니었을 것입니다. 그런 과정에서 누구도 대신 해 줄 수 없는 좋은 경험과 신앙 체험을 하셨으리라 짐작해 봅니다.

2명의 서울대교구 가톨릭사진가회 회원들의 땀과 정성이 깃들어 있는 이 책은 단순한 사진집이 아니라 신앙과 역사가 어우러진 순례의 기록이라고 할 수 있을 것입니다. 그들은 외형의 아름다움이나 독특함을 쫓아가다가 결국은 그 안에 담긴 신비로운 분위기와 신자들의 영혼의 울림과 성당 내부에 속속들이 숨겨져 있는 기도의 흔적까지 만날 수 있었을 것이기 때문입니다.

이 책을 읽는 독자들께서는 단순한 미학적 감상을 넘어 성당이 지닌 깊은 영적 의미와 그 안에서 평화와 안식까지 체험할 수 있기를 희망합니다. 한 번에 다 읽어 내려가는 책이 아니라 가는 곳마다 지니고 다니는 성당의 '안내서' 역할을 할 수도 있을 것이고, 때로는 그곳에 가고 싶게 만드는 '소개서'가 될 수도 있을 것입니다.

이 책을 접하게 되는 모든 이에게 하느님의 축복과 평화가 가득하시길 기도합니다.

2025년 1월
가톨릭 평화방송 평화신문 사장
조정래 시몬 신부

우리나라 곳곳에는 세월을 품은 아름다운 성당들이 자리하고 있습니다. 기도와 신앙의 흔적이 스며든 이곳은 단순한 건축물에 그치지 않고, 시대의 역사를 담으며 신앙의 중심이 되어왔습니다. 또한 수많은 순례자와 신자들의 기도의 공간이자 마음의 쉼터로서 발길을 이끄는 독특한 문화와 미적 감각을 고스란히 보여줍니다.

『사진가가 찾은 한국의 아름다운 성당 50선』은 전국을 누비며 선정한 50곳의 아름다운 성당을 담고 있습니다. 2022년 초 10여 명 회원의 의견을 취합하여 선정하였으며, 긴 여정 끝에 드디어 완성되어 성당의 아름다운 모습과 이야기를 독자분들께 전할 수 있게 되어 기쁘기 그지없습니다.

성당의 고풍스러운 건축미와 성스러운 분위기를 생생히 보여드리기 위해 사계절을 따라 방문하여 카메라에 담고 글로 녹여내느라 오랜 시간과 정성을 기울였습니다. 비바람을 맞으며 성당 앞에서 렌즈를 고정하기도 하고, 때로는 새벽녘부터 찬 공기에 곱은 손을 녹여가며 촬영했습니다. 한 번으로 끝나는 일도 아니었습니다. 단순한 사진집으로 그쳐서는 안 된다는 일념으로 성당이 지닌 무게와 내면의 이야기를 이해하고 신앙의 흔적을 하나하나 기록하는 일은 무척이나 신중하고 세심한 작업이었습니다.

이 책은 성당을 찾아가는 모든 순례자에게 마음의 평안을 되찾는 길잡이가 되고 조용히 기도하면서 자신을 되돌아보는 데 조금이나마 보탬이 되기를 바랍니다. 또한 그곳에서 하느님의 은총을 마음껏 누릴 수 있기를 희망합니다.

선뜻 추천사를 써 주신 가톨릭 평화방송 평화신문 사장 조정래 시몬 신부님께 감사를 드립니다. 아울러 책이 세상에 나올 수 있도록 끝까지 함께해 주신 홍덕희 아녜스 작가님과 사진 보정 작업 하느라 애써주신 문수영 교수님께도 고맙다는 말씀을 전합니다.

끝으로 거의 모든 출사에 동행하며 친구가 되어준 아내 경희에게 사랑한다는 말을 전합니다.

2025년 1월
조남대

차
례

1장

서울 지역

(사적 제258호)

주교좌
명동대성당(성지)

주소: 서울특별시 중구 명동길 74(명동2가)

전화: 02-774-1784

주변 가 볼 만한 곳: 한옥마을, 남산, 북촌, 인사동, 경복궁

명동은 대한민국 서울을 대표하는 곳이다. 만남의 장소이고 사시사철 국내외 수많은 관광객과 순례객으로 북적이는 곳에 명동대성당이 우뚝 서 있다. 명동대성당은 한국천주교회의 상징이자 심장으로, 한국 교회 공동체가 처음으로 탄생한 곳이다.

성당 건물은 언제 보아도 아름답고, 매일 봉헌되는 미사는 국내외 신자들로 가득하다. 제대와 스테인드글라스의 은은한 아름다움은 눈길을 머물게 하고, 각종 성 미술품은 고귀하고 성스럽다.

성당 아래에 있는 역사관은 1890년에 주교관으로 신축되었던 건물로 우리나라에 현존하는 가장 오래된 서양식 벽돌 건축물 중 하나이다. 이곳은 2018년 '천주교 서울대교구 역사관'으로 새로이 문을 열고 한국천주교회의 태동에서부터 오늘에 이르기까지의 변천사를 다양한 유물과 자료들을 통해 보여주고 있다. 명동대성당은 순수한 고딕 양식 건물로 그 문화적인 가치가 높이 평가되어 사적 제258호로 지정되었다.

가톨릭회관은 각종 성물이나 서적을 구매할 수 있는 매장이 있고, 교구청 지하에는 1898 광장과 서점, 카페 등이 있어 명소로 자리 잡고 있다.

특히 갤러리1898에서는 연중 전시회가 열리고 있어 예술애호가들의 발길이 끊임없이 이어지고 있다. 또한 명동대성당과 파밀리아 채플은 한 주에도 혼례를 통해 여러 쌍의 부부를 탄생시키는 곳이기도 하다.

한국천주교회는 1784년 이승훈이 북경에서 세례를 받고 귀국했을 때를 출발로 본다. 하지만 그보다 4년이 앞선 1780년 1월 천진암에서는 권철신을 중심으로 하는 강학회가 열렸고, 여기에서 정약전, 이벽 등 당시의 저명한 학자들은 천주학을 접하게 된다. 서울 명례방에 살던 통역관 김범우는 이들의 영향을 받아 천주교에 입교하고 자기 집에서 교회 예절 거행과 교리 강좌를 열게 된다. 바로 그때의 명례방이 있던 자리에 오늘날 한국천주교회의 산 역사인 주교좌 명동대성당이 자리하게 되었다.

1882년 제7대 교구장이자 명동 초대 주임인 블랑 주교는 성당 터를 매입하여, 종현성당을 설립, 운영하면서 예비 신학생을 양성하는 한편 성당 건립을 추진했다. 우여곡절 끝에 1892년 기공식을 하고, 3대 주임 프와넬 신부에 이르러서야 성당 건물을 마무리 짓는다. 1898년 5월 29일 드디어 조선 교구장 뮈텔 주교의 집전으로 역사적인 축성식을 하여 오늘에 이르고 있다. 지하 소성당 묘역에는 기해, 병인박해 순교자 앵베르 주교와 모방 신부, 샤스탕 신부 등 총 9분의 유해를 안치하고 있다.

사진가가 찾은 한국의 아름다운 성당 50선

성인 유해(앵베르 주교, 모방 신부, 샤스탕 신부, 최경환, 김성우 등)

성모무염시태 앞 촛불 봉헌

명동성당 전경(가톨릭회관, 성당, 역사관, 꼬스트홀, 수녀원)

지금의 명동대성당은 평화롭기가 그지없지만, 1970~80년대에는 우리나라 민주화 투쟁의 중심지로 격동의 현대사를 간직한 곳이다. 1968년부터 교구장을 맡았던 김수환 추기경은 6월 항쟁 때 경찰들에 밀려 명동성당으로 피신하는 시위대를 따스하게 맞아주셨다. 추기경은 경찰의 방패막이가 되어주며 "수녀들까지 나와서 앞에 설 것이고, 그 앞에는 또 신부들이 있을 것이고, 그리고 그 맨 앞에서 나를 보게 될 것이다. 그러니까 나를 밟고 신부들을 밟고 수녀들까지 밟아야 학생들과 만나게 될 것이다"라고 말씀하셨던 멋진 분이시다. 한국 가톨릭에서는 김수환 추기경이 시성 되도록 기도와 힘을 보태고 있다.

　이렇듯 명동대성당은 언제라도 찾는 이들을 넉넉히 품어주며 평화와 사랑의 기운을 나눠주는 곳으로 자리하고 있다.

성당 야경   미사 중

기도하는 신자들

천주교 순교성지
새남터기념성당(성지)

주소: 서울특별시 용산구 이촌로 80-8
전화: 02-716-1791
주변 가 볼 만한 곳: 한강공원

용산역에서 노량진으로 전철을 타고 가다 보면 독특한 외형의 큰 기와지붕을 볼 수 있다. 새남터 순교성지다. 새남터는 '새나무터'의 준말이라고 한다. 지금 이곳은 아파트 숲이지만 조선 말까지는 억새와 나무가 울창한 숲 '새나무터'였다고 한다. 조선 초기 새남터는 군사 훈련장이었고 국사범 등 대역죄인들을 처형하던 곳으로, 세조 2년 단종의 복위를 꾀하던 성삼문 등 사육신이 이곳에서 처형당했다.

새남터 순교성지를 찾아 성모순례성당에서 미사를 드린 후 곳곳을 둘러보았다. 대성전에 들어가니 웅장하다는 느낌이 든다. 순교자들의 얼과 기상이 배어 있어서일까. 앞쪽에 앉아 묵상하는 신자들이 있다. 그분들께 방해되지 않도록 주의하면서 사진을 찍고 있는데, 고맙게도 직원분이 오셔서 성전 불을 켜 주셨다.

대성전과 기념관을 찬찬히 둘러보고 밖으로 나왔다. 마당에는 새남터 순교기념 대성전 머릿돌이 있는데, 요한 바오로 2세 교황 성하의 친필사인이 들어 있다. 마당이 넓지 않은 터라 성당 외관을 사진으로 다 담을 수가 없어서 아쉬웠다.

성당 정면에는 "이곳은 새남터 형장입니다"라는 문구 위로 십자가가 있고 기도 의자가 놓여 있어 순교자를 참배하며 기도할 수 있게 되어 있다.

한국천주교회 4대 박해 때 천주교 신자들의 숭고한 피가 새남터에 뿌려진다. 1795년 조선으로 파견된 중국인 주문모 신부는 입국 후 최초로 부활대축일 미사를 거행한다. 주문모 신부는 한양에 들어와 신자들을 돌보던 중, 입국한 지 6년 만에 배교자의 밀고로 쫓기는 몸이 되었다. 그는 자신으로 인하여 많은 신자가 고통을 겪는 것을 보고, 다시 한양으로 돌아와 의금부에 자수한다. 결국 주문모 신부는 모진 형벌 후 군문효수형을 받고 이곳 새남터에서 처형당한다. 이것이 1801년의 신유박해이다.

조선천주교의 첫 번째 사제인 김대건 신부는 1845년 중국에서 사제서품을 받고 조국으로 들어와 사목하던 중, 1846년 6월 서해 뱃길을 통해서 선교사들을 입국시키려고 백령도 부근으로 나갔다가 관헌에 체포된다. 수십 차례 문초를 당하다가 군문효수형으로 이곳 새남터에서 순교한다. 안타깝게도 사제로 서품된 지 불과 1년 1개월 만인 1846년 9월 16일로 26세 때였다.

성모순례성당

새남터순교기념대성전

요한 바오로 2세 교황 성하의
친필사인이 들어있는 머릿돌

한국 가톨릭교회에서는 1956년 현 용산구 이촌 2동에 '가톨릭 순교성지'라고 새긴 현양비를 세울 수 있었다. 1981년에 새남터 본당이 설정되었고, 1987년 한국순교복자성직수도회가 한국 전통 양식으로 기념성당을 건축하여 봉헌하였다. 또 새남터 기념성당에서는 목숨을 바쳐 신앙을 지킨 순교자들을 현양하고자 2006년 9월 3일 순교자 기념관을 개관하였다. 이곳에서는 성직자 11명과 교회 지도자 3명이 순교하였는데, 그중 9명의 유해가 새남터 기념관에 안치되어 있다. 기념관에는 순교자들의 이야기를 담은 영상을 비롯해 형구 체험실을 재현해 놓았다.

순교는 신앙에 대한 최상의 증거라고 한다. 신앙 선조들에게 있어서 순교하러 가는 길은 동시에 영원한 생명을 얻으러 가는 길이었다. 자신의 목숨보다 신앙의 뜻을 더 크게 품었던 그들의 발자취를 따라 거닐며 먹먹한 마음으로 하루를 보냈다.

사진가가 찾은 한국의 아름다운 성당 50선

새남터 형장

새남터성지 전경

절두산
순교성지

(국가 사적 제399호)

주소: 서울특별시 마포구 토정로 6
전화: 02-3142-4434
주변 가 볼 만한 곳: 양화진 선교자묘역

　　　　　　절두산 순교성지는 한국천주교회를 대표
하는 순교 사적지로, 가장 혹독한 박해로 일컬어지던 1866년 병
인박해 당시 많은 천주교 신자가 순교하였던 곳이다.

　성지에 들어서면 '팔마를 든 예수상'이 한결같이 웃음 띤 얼굴로
순례자를 맞아 주신다. 성당으로 가는 길은 꽃과 나무가 적절히
잘 심어져 사계절이 아름답다. 이른 봄부터 야생화가 꽃을 피우
고, 한여름에는 성모상 주변으로 능소화 또한 아름답다.

　언덕 위에 자리한 성당에 들어서면 제대 천정의 순교자 그림이
아름답다. 김세중 작가의 작품인 십자고상은 독특하게도 천정으
로부터 줄로 매달려 있다.

　미사는 매일 오전 10시와 오후 3시에 봉헌되는데, 미사마다 순
례자들이 성당을 가득 채운다. 화요일부터는 10시 미사 후부터
2시 20분까지 성체가 현시되어 순례객들은 언제든지 성체를 바라
보며 기도할 수 있다. 성당 우측에는 지하로 내려가는 계단이 있
다. 계단을 내려가면 성인유해실이 있으며, 그곳에는 27위의 순
교자와 1위의 무명 순교자 유해가 모셔져 있다.

성당 옆으로 한국천주교 순교자박물관이 있다. 한국천주교회는 240여 년 역사 중에 절반에 가까운 100여 년이라는 긴 박해의 시간을 겪었다. 박물관 1, 2층은 한국천주교회사 상설전시장이다. 가장 잔혹했던 병인대박해의 시간과 기억이 새겨진 이곳은 신앙 선조들이 지키고 이어온 교회의 역사를 눈으로 함께 걸으며 믿음의 유산을 아로새길 수 있도록 해 준다.

밖으로 나오면 김대건 신부님 동상이 세워진 광장이 있다. 주변으로 십자가의 길이 조성되어 있고, 오성 바위, 척화비, 형구틀 등이 있다.

요한 바오로 2세 교황, 마더 테레사 동상이 순례자의 눈길과 마주하고, 루르드 성모상 앞에는 기도하는 신자들의 발길이 끊이지 않는다. 그 밖에도 망으로 된 예수님, 절두산 순교 기념탑 등이 있으며, 절두산순교성지에는 사시사철 눈비를 맞으면서도 기도하는 순례자들의 발길이 끊임없이 이어지고 있다.

이곳에서 수많은 신자가 목숨을 잃었는데, 애석하게도 이름을 알 수 있는 순교자는 13명뿐이다. 1956년 전국의 천주교 신자들을 대상으로 순교 터 확보 운동이 전개되었다. 그 결과 12월에 이곳의 부지를 확보하게 되었다. 그 후 1962년에 가톨릭 순교성지 기념탑을 세웠고, 1967년에는 병인박해 100주년을 맞아 기념성당과 박물관을 건립하였다. 1968년에는 병인박해 순교자 24위의 시복을 맞이하여 기념성당 지하실에 순교자 유해 안치실을 설치

한국천주교 순교자박물관   성인유해실

성당 내부와 제대

하였다. 1984년 5월 3일에는 한국천주교회 창설 200주년과 103위 순교자의 시성식을 위해 한국을 방문한 요한 바오로 2세 교황이 이곳을 찾아 한국 순교자들에게 뜨거운 경의를 표하였다.

 이곳은 조선 시대 한양과 전국을 뱃길로 잇는 교통과 운송의 요지로 버들꽃 나루라는 뜻의 양화진 나루터였다. 주변 풍광이 수려하여 겸재 정선은 이곳을 배경으로 〈양화진도〉를 그렸으며, 문인들의 경연장이기도 하였다. 양화진에는 우뚝 솟은 봉우리 모양이 머리를 든 누에의 모습을 닮아 잠두봉이라 불리는 언덕이 있었다. 그런데 병인박해 당시, 잠두봉에서 수많은 천주교 신자가 머리를 잘려 목숨을 잃게 되었기에, 잠두봉은 '절두산(切頭山)'이라는 지명을 갖게 된다.

 1997년 11월 7일에는 성지가 위치한 양화진. 잠두봉이 국가 사적 제399호로 지정되었다.

사진가가 찾은 한국의 아름다운 성당 50선

김대건 신부상

가톨릭 순교성지 기념탑

한강 건너편에서 본 절두산 성지

중림동
약현성당(순례지)

주소: 서울특별시 중구 청파로 447-1
전화: 02-362-1891
주변 가 볼 만한 곳: 서소문 밖 네거리 순교성지, 덕수궁, 명동

10시 미사에 참례하려고 부지런히 언덕을 올랐다. 한여름 더위로 이마에 맺혔던 땀은 성당 안에 들어서니 에어컨 바람으로 시원해지고 미사의 차분함에 땀이 식는다. "옛 신자들은 순교 상황에 힘이 들었다면, 요즘은 갖가지 유혹에 힘든 세상이다. 유혹에 한 번 빠지면 더 큰 유혹에 점점 빠져들게 되니, 유혹은 시작도 하지 말라"는 신부님의 강론이 마음에 다가온다. "내가 부족하고 약하여 유혹에 빠지기 쉽지만, 끝을 생각하여 하느님께 의탁하며 슬기롭게 이겨 내자"는 신부님의 말씀에 나도 새로운 각오를 다지며 미사를 마쳤다.

중림동 약현성당은 명동대성당보다 규모는 작지만, 우리나라 최초의 근대식 벽돌집 성당이다. 1891년 11월 9일 명동 본당에서 분할되어 서울에서 두 번째, 전국에서는 아홉 번째 본당으로 설립되었다. 1886년 한불조약이 맺어지면서 신자 수가 종현본당(현 명동본당)을 능가하면서 서소문 밖 수레골에 한옥인 약현공소를 마련하였다. 공소 설립 후 신자가 점점 늘어나 성당 건축 필요성이 대두되자, 1891년 서소문 밖 네거리가 내려다보이는 언덕 위에 대지를 매입하고 성당 건립에 착수한다. 약초가 많아 약초고개, 약현이라고 불리던 언덕이었다.

설계는 명동성당을 설계했던 코스트 신부가 맡았으며 착수 1년 만인 1892년 9월에 드디어 성당이 준공되고 1893년 약현성당이 축성되었다.

약현성당은 1892년에 한국 최초로 세워진 서양식 성당으로, 로마네스크 양식의 벽돌식 건축물이다. 건축 기술과 재정이 부족하던 당시에 로마네스크 양식과 고딕 양식을 절충해서 성당의 기본 공간과 형태를 간소하게 갖추었고, 아치형의 간결한 기둥과 둥근 스테인드글라스는 고풍스럽고 아름다운 작품이었다. 명동대성당(사적 제258호)과 함께 한국 근대 건축사의 중요한 자료로 인정되어, 1977년 국가 문화재(사적 제252호)로 지정되었다.

언덕 위로 종탑이 보이는 성당은 젊은이들이 결혼하고 싶어 하는 성당으로 손꼽힌다. 아담한 내부는 더욱 마음을 사로잡는다. 제대 뒤 스테인드글라스에 은은히 투과된 빛은 영혼을 밝힐 듯, 혼배미사의 성스러움을 한껏 고조시켜 주기에 충분하다.

그런데 안타깝게도 1998년 2월 11일 방화로 인한 화재가 발생하여 성당 내부가 완전히 소실되고 종탑 일부가 훼손되었다. 화재 발생 2년 후 성당은 건립 당시의 옛 모습과 가깝게 복원되어 2000년 9월 봉헌식을 거행하였다.

약현성당은 한국에서 최초로 사제 서품식이 거행되었던 장소이다. 1896년 4월 26일 세 명의 신학생 강도영 마르코, 정규하 아우

녹음 속 성당

눈 오는 날의 성당 풍경

성당 내부(성전)

구스티노, 강성삼 라우렌시오가 사제로 서품되고, 1년 뒤인 1897년 12월 18일에는 두 번째로 한기근 바오로, 김성학 알렉시오, 이내수 아우구스티노가 사제로 서품되었다.

지금은 큰 건물에 가려 잘 보이지 않지만, 박해시대 때는 서소문 형장이 내려다보이던 곳으로, 영내에는 성인들의 유해가 모셔져 있는 서소문성지기념성당과 서소문순교성지전시관이 마련되어 있다.

14처가 있는 십자가의 길을 따라 내려가다 보면 약현성당 전망대가 나온다. 약현성당 전망대에서는 숭례문과 그 일대의 도심을 감상할 수 있으며, 건축물이 아름다운 서소문 밖 네거리 순교성지를 돌아볼 수도 있다.

그날도, 한 쌍의 젊은이는 성당 앞에 스마트폰을 장착한 삼각대를 세워놓고 둘만의 추억을 열심히 담고 있었다.

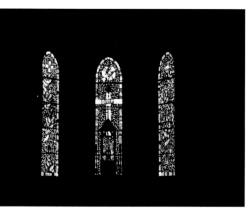

제대 뒤의 아름다운 스테인드글라스

서소문 순교자 기념관

약현성당의 가을

(대한민국 사적 제255호)

원효로
예수성심성당(순례지)

주소: 서울특별시 용산구 원효로19길49 성심여자고등학교 내

전화: 02-701-5501

주변 가 볼 만한 곳: 용산 성직자묘역

용산구 원효로에 있는 성심여고 교정에는 소박하지만 아름답고도 아담한 성당이 있다. 오래전부터 방문하고 싶었는데 이제야 찾게 된 예수성심성당(이하 원효로성당)이다. 교문에 들어서면 누구라도 품에 안아주실 듯 인자한 예수성심상이 두 팔을 벌리고 기다리신다.

예수성심상 뒤쪽에 있는 원효로성당은 단박에 눈을 사로잡기에 충분했다. 프랑스 고딕풍 건축물로, 규모는 작지만, 그동안 보았던 여느 성당보다 아름다움이 느껴진다. 성당은 언덕을 이용하여 지었기 때문에 남쪽은 3층이고 서쪽은 2층이다. 출입구는 다른 성당처럼 뒤쪽 중앙, 제대 반대쪽에 있는 것이 아니라, 특이하게도 서쪽으로 지어져 있다.

성당 안은 푸른 빛의 신비로움으로 가득 차 있다. 성당 좌우 창에 설치된 청색 유리화로 쏟아져 들어오는 햇살은 성당을 온통 푸른 안개 바다로 만들어 놓았다. 그 신비로움에 이끌려 잠시 앉아 기도하고 제대를 바라보았다. 제대는 단순하지만 아름답다. 제대 뒤 스테인드글라스에서 들어오는 빛은 은은하게 제대에 머물고 있다. 성당 내부는 작으나 천정은 높은 구조를 가졌고, 뾰족아치로 된 창문이나 지붕 위의 작은 뾰족탑은 전체적으로 약식 고딕풍이다.

성당 제단 뒷벽 5개의 아치창은 원래 중세풍의 스테인드글라스
가 설치되었으나 한국전쟁 때 없어져, 1985년 이남규 작가에 의
해 제단 뒷벽 5개 창의 달드베르와 양 출입구 상부의 엔티크글라
스 원형 창이 설치되었다. 달드베르창은 성체 형상으로부터 빛이
사방으로 퍼져 나가는 모습을 표현한 걸작이다. 성당 내부 나머지
창은 2015년 스위스출생의 마르크 수사에 의해 제작 설치되었는
데, 성모님의 푸른 망토에서 영감을 받아 짙은 청색 계열의 유리
를 과감하게 사용하였다. 2층 성가대석 창은 '성령과 하느님의 빛'
의 이미지로 표현되었고, 성당 전체 스테인드글라스 주제는 '마니
피캇(마리아의 노래)'이 되었다고 한다. 성당에 들어섰을 때 신비로
운 푸른빛이 감도는 이유를 이제야 알겠다.

이곳에 성당이 있게 된 연유는 1902년 용산신학교의 부속 성당
으로 봉헌되었기 때문이다. 1892년에 용산 예수성심신학교가 준
공되었으며, 1911년 대신학교 교사가 축성된다. 이는 우리나라에
서 현존하는 가장 오래된 가톨릭 신학교 건물이다. 조지아 양식으
로 장식된 2층 붉은 벽돌 구조의 용산신학교는 1942년 일제의 탄
압으로 폐교될 때까지 대신학교 교사로 사용되며 성소의 못자리
가 되어 왔다. 1945년 신학교가 혜화동으로 이전한 후 1956년부
터 성심수녀회 수녀원으로 사용하기 시작했다.

수녀님의 안내로 들어가 본 신학교 건물은 현재 성심수녀회 관

예수성심상과 성당

성당 내부(제대)

성가대석의 스테인드글라스

구 사무실과 성심기념관 및 역사 자료실로 사용되고 있다. 이곳에는 한국천주교회의 첫 사제였던 성 김대건 안드레아 신부의 유해가 축성 당시부터 1958년까지 모셔져 있었고, 조선교구 초대 교구장이었던 브뤼기에르 주교부터 제8대 교구장이었던 뮈텔 주교의 유해까지 8명의 역대 조선 교구장 주교의 유해가 모두 이곳을 거쳐 갔다고 한다.

용산신학교 건물은 1977년 대한민국 사적 제255호로 지정되었고, 원효로성당은 2012년 사적 521호로 지정되어 문화재로 보존되고 있다. 또한 2014년에는 서울특별시가 선정한 '종교적 의미를 느껴보는 사색 공간'으로 선정되기도 했다.

성심여중고 캠퍼스 내 원효로 예수성심성당과 용산신학교는 학생들의 안전과 학습환경 유지를 위하여 학기 중 교내 출입을 허락하지 않는다. 첫째 주, 셋째 주 토요일과 매주 일요일만 개방하고 있다.

사진가가 찾은 한국의 아름다운 성당 50선

옛 용산신학교(현 성심기념관)

운동장에서 바라본 성당

성당 뒤편

방배동성당

주소: 서울특별시 서초구 방배로5길 43

전화번호: 02-584-9731

주변 가 볼 만한 곳: 예술의전당, 우면산, 국립중앙도서관

　　　　　서초구 방배역에서 남부순환도로 쪽으로 5분 정도 걸어 올라가다 우측을 바라보면 뒷산을 배경으로 붉은 벽돌의 성당과 십자가가 훤히 보여 발길을 당긴다.

　기존의 성당과는 다르게 현대적이지만 고풍스러운 느낌이 들기도 하는 조금 특이한 형태다. 성당 입구에는 성모님이 인자한 모습으로 단 위에 모셔져 있어 오가는 신자들은 잠시 발길을 멈추고 촛불을 밝혀 기도를 드린다. 바로 옆에는 높다란 종탑이 세워져 있어 지금이라도 줄을 당기면 은은한 종소리가 울려 퍼질 것 같아 분위기를 한층 고조시킨다.

　주변 자연과 조화롭게 자리 잡은 성당은 매봉재산이 포근히 감싸고 있어 숲속에 들어온 듯한 아늑한 분위기를 느끼게 한다.

　성당 1층에 들어서면 성모님이 또다시 반긴다. 소성당과 사무실을 거쳐 2층으로 올라가면 천여 명이 동시에 미사를 드릴 수 있는 널따란 성전이 눈 앞에 펼쳐진다. 성전 전면에는 스테인드글라스에 새겨진 복음사가와 12사도가 자연광을 받아 밝은 모습으로 계신다. 그 중앙에는 예수님이 두 팔 벌려 어서 오라고 반갑게 맞아주신다. 40년 이상 된 성당이지만 돔 형식의 높은 천정과 확 트인 실내는 예수 부활 성당 이미지답게 밝고 화사한 분위기를 연출하여 신부님의 강론이 신자들 가슴 깊이 새겨질 것 같다.

제대 위에는 황금색으로 칠해진 돔 형태의 감실이 있다. 아담한 지붕으로 덮인 감실은 어느 성당에서도 볼 수 없을 정도의 큰 규모와 특이한 모습이다. 감실 옆에는 예수님께서 십자가에 매달려 있다가 금방 내려오신 것처럼 앙상한 모습으로 두 팔 벌려 서 있는 예수님이 우리에게 무슨 말씀을 하시려는 것 같아 가슴이 저며온다.

방배동성당의 자랑은 3층 성가대석 뒤쪽에 설치된 파이프오르간이다. 웅장한 오르간 반주에 맞추어 부르는 성가를 들으면 신자들의 영성이 더욱 깊어지지 않을까.

성당 지하에는 식당과 각종 단체가 모임을 할 수 있는 회합실이 있다. 1층 오른쪽에는 카페와 만남의 방이 있어 미사를 마친 신자들이 커피나 차를 마시면서 일주일 동안의 안부를 물으며 친목을 돈독히 하느라 분주하다.

성당에 들어서면 반갑게 맞아주시는 성모님

성당 뒷산으로 넘어가는 태양

성당과 뒷산과 널따란 주차장

서울에 2백 개가 넘는 성당이 있지만 도심에 있으면서 울창한 숲으로 아늑하게 둘러싸여 있어 사계절 아름다울 뿐 아니라, 넓은 주차장을 가진 성당을 찾기는 쉽지 않을 것이다. 성당 뒤편 매봉재산으로 올라가면 서리풀공원과 몽마르뜨공원을 거처 누에다리까지 갈 수 있는 산책로가 조성되어 있어 여유가 있다면 쉬엄쉬엄 걸어보는 것도 좋을 것이다.

이런 연유로 서울 시내에서 결혼하고 싶은 성당 다섯 손가락 안에 들 정도로 인기가 있어 1년 전에 혼례를 신청해야 할 정도다. 많은 하객이 참석하더라도 넉넉하게 주차할 수 있고 분위기도 좋아 성당을 한번 둘러보면 그 이유를 금방 알 수 있을 것 같다.

　　　　　　　　　　　사진가가 찾은 한국의 아름다운 성당 50선

제대 위의 특이한 형태의 감실과 앙상한 모습의 예수님

높다란 층고의 성당 내부

성당 2층의 예수님을 안고 있는 성모님과 파이프오르간

2장

인천·경기 지역

주교좌
답동 성바오로성당(순례지)

주소: 인천광역시 중구 우현로50번길 2   **전화**: 032-762-7613

주변 가 볼 만한 곳: 송도센트럴파크, 송월동화마을, 월미도, 인천대교,
을왕리해수욕장, 차이나타운

인천교구의 주교좌성당으로 정식명칭은 '천주교 인천교구 주교좌 답동 성바오로대성당'이다. 주보 성인은 당연히 '성 바오로'이다. 지하 공용주차장에 자동차를 주차하고 계단이나 엘리베이터를 타고 올라서면 전면에 3개의 종탑을 갖춘 로마네스크 양식의 웅장한 성당이 보인다. 성당 마당에는 널따란 잔디공원이 조성되어 있고, 주변도 공원화 사업으로 깔끔하게 단장되어 있다.

성당 앞마당에는 십자가의 길 14처 부조와 예수님과 십이사도를 상징하는 성경 말씀이 적힌 돌기둥이 서 있다. 답동 언덕에 성당이 지어져 있어 인천 어디에서나 성당의 종탑이 보일 수 있을 뿐 아니라, 성당에서 뒤로 돌아서면 인천 시내가 한눈에 들어와 가슴이 탁 트이는 것 같은 기분이다. 답동성당은 웅장하고 화려한 자태에 문화 예술적인 가치를 인정받아 1981년 사적 287호로 지정됐다.

성당 내부에 들어서면 제대가 2개다. 안쪽의 제대는 제2차 바티칸공의회 이전에 사제가 신자들을 뒤로한 채 미사를 드릴 때 사용하던 제대이고, 그 앞쪽은 지금 사용하는 제대라고 한다. 성당 전면 좌측에는 데레사 상이, 우측에는 바오로 상이 걸려 있다.

성당 설립 90주년을 기념하여 제대 뒤쪽에는 15개의 장미창을 설치했으며, 성당 왼쪽 벽면 스테인드글라스에는 신약을, 오른쪽은 구약의 내용이 스테인드글라스에 그려져 있다. 주교좌 성당임에 따라 주교님이 미사를 집전할 때 앉으실 주교좌가 제단 오른쪽에 놓여있다.

답동성당은 1889년 7월 1일 제물포 본당으로 설립된 후, 1897년 조선교구장인 뮈텔 주교가 참석한 가운데 전면에 3개의 종탑을 갖춘 로마네스크 양식의 성당이 설립되었다. 그 후 신자가 1,500명에 육박하자 성전 외곽을 벽돌로 쌓아 올리는 개축 작업을 시작하여 1937년 현재 모습의 성당이 건축되었다.

성당 우측으로 들어가면 인천교구 역사관이 있다. 들어가는 입구에는 과거 가톨릭회관에 걸어두었던 커다란 십자가와 조선 시대 신자들의 목을 졸라 처형하던 형구 돌이 놓여있다. 천주를 믿었다는 이유로 수많은 신자가 4대 박해 동안 각종 형벌로 죽임을 당했다. 역사관은 입장료가 1천 원이며, 3개 층으로 되어 있는데 과거에는 주교관으로 사용하던 건물이다. 성당 초기 시절에 역사와 신부님들이 사용하던 각종 미사 도구와 제의 등이 보관되어 있다. 역사관 내용에 관해 설명을 요청하면 해설사가 친절하게 안내해 준다.

이 성당 종탑에 걸린 종이 한때 없어질 위기를 맞기도 했단다. 일제강점기 말엽 무기 제작을 위해 종이 공출 대상이었으나 당시

옆에서 본 답동성당

2개로 되어 있는 답동성당의 제대

답동성당의 내부

2장 인천·경기 지역

임종국 신부가 기지를 발휘하여 일본군 관계자에게 종을 무기로 만들기보다 시내에 설치해 주민들이 경계 태세를 갖추는 용도로 쓰자고 제안했단다. 이것이 받아들여져 두 개의 종은 다른 곳으로 옮겨졌다가 해방 후 다시 돌아오게 됐다. 그 이후 1990년까지 매일 세 차례 타종했으나 종 보호와 주민들의 민원으로 치지 않게 되었다고 한다.

2010년부터 인천 중구청에서 성당 부지 일부를 매입한 뒤 성당 주변에 대한 공원 녹지화를 추진하고 있으며, 성당 마당 지하에는 공영주차장을 만드는 등 주변이 깔끔하게 단장되었다. 이 사업으로 주변에 가려지는 것이 없어 인천항 내항과 월미산 너머로 지는 석양을 감상할 수 있다.

답동성당은 오랜 역사와 전통을 자랑하면서 웅장한 분위기를 보유한 문화재급 성당인 데다, 영화나 드라마 촬영지로도 종종 나온 관계로 혼인을 원하는 사람들에게 결혼식장으로 인기가 많다고 한다.

사진가가 찾은 한국의 아름다운 성당 50선

재단 오른쪽에 비치된 주교좌

성당 오른쪽에 있는 인천교구 역사관

하남
구산성지(성지)

주소: 경기도 하남시 미사강변북로 99 (망월동)

전화: 031-792-8540

주변 가 볼 만한 곳: 미사경정공원, 스타필드하남, 팔당댐, 위례강변길

　　　　　　부활절을 며칠 앞두고 성지를 찾았다. 주차
장이 학교 운동장처럼 넓어 여유롭다. 얇은 판석을 켜켜이 쌓은
높다란 담장은 마치 성곽 같은 느낌이 든다. 성문처럼 생긴 둥그
런 은총문을 들어서면 성모자상이 순례자들을 맞이한다.

　오른편 성당 쪽으로 가는 길목에 낮은 돌담으로 둘러싸인 묘역
에는 103위 한국 성인 중 한 분이신 김성우 안토니오를 비롯하여
아홉 분의 순교자가 태어나고 신앙생활을 하시다가 박해시대 순
교하신 후 묻힌 진묘가 있다. 이런 의미에서 이곳은 거룩한 성지
로서 교회사적으로 큰 의미가 담겨 있으며, 다른 성당과는 전혀
다른 모습이다.

　이곳 성당은 소나무 숲으로 둘러싸인 낮은 단층 건물로 한옥 같
은 분위기가 풍긴다. 외벽에는 피에르 모방 신부님 상이 새겨져 있
다. 또한, 모양이 각각 다른 창틀이 있는데 박해시대 형구를 형상
화한 칼창, 감옥창, 곤장창, 포승줄창 등 다양한 모양이 있어 당시
천주교인들의 형벌과 고문으로 인한 고통이 조금은 짐작이 된다.

　성전 내부는 바닥과 천장이 나무로 되어 산속 통나무집에 온 것
처럼 평온함이 느껴진다.

특히 이곳 구산성지에 세워진 성모상은 초대 주임인 길홍길 이냐시오 신부가 꿈속에서 알현한 성모님의 모습을 당시 서울대학교 미대 학장이신 김세중 프란치스코 작가에게 의뢰하여 심혈을 기울여 제작했다고 한다. 왕관을 쓰고 오른손에는 지휘봉을 들고 계시는 성모상은 구산성지에서만 볼 수 있는 유일한 것이다.

십자가의 길에 기다란 도자기 위에 푸른색의 커다란 구슬 모양으로 만들어져 있으며, 높다란 장대처럼 된 기둥 9개는 이곳의 순교자를 상징하는 것이라고 한다.

십자가의 길 뒤편에는 옛날 교우촌에서 옹기를 구울 때 사용했던 가마가 보인다. 옹기와 옹기가마는 박해시대를 살았던 신앙 선조들에게는 중요한 생계와 복음전파 수단이었으며 삶의 터전이었다. 옹기 장사라는 신분을 이용하여 옹기 속에 교회 서적과 성물 등을 숨겨서 다른 지역에 사는 신자들에게 전달하였다.

그 뒤쪽으로는 미사나 야외 행사를 할 수 있는 넓은 잔디마당이 조성되어 있다.

판석을 켜켜이 쌓아 커다란 성문처럼 생긴 성지 정문

돌담으로 쌓은 담장 안에 순교자 아홉 분이 안장된 묘지

바닥과 천장이 나무로 되어 있는 성전

거북이 형상을 닮았다 하여 구산마을이라고 붙여진 이곳에 복음의 씨앗이 뿌려진 것은 1830년경이다. 김성우 안토니오 성인과 동생 김덕심 아우구스티노, 김윤심 베드로 알칸타라 3형제와 성인의 아들 김성희, 덕심의 아들 김차희, 윤심의 아들 김경희, 6촌인 김윤희, 그리고 최지현, 심필여 순교자가 이곳에서 태어났다. 김성우 성인은 회장으로서 순교성인인 모방 신부님을 보필하였고, 공소를 짓는 등 온 힘을 다해 교우들의 신앙을 북돋아 주었다. 그 후손들은 3·1 운동의 주도적 역할을 하였다.

구산성지 인근에 있는 옛 구산성당은 조선 최초 서양인 신부인 피에르 모방 신부가 은신하기도 했고, 조선 최초 사제인 김대건 안드레아 성인이 거쳐 간 곳이다. 건물은 신자인 마을 주민들이 한강 변에서 직접 자갈돌을 옮겨 지은 건물이다.

구산성지 곳곳은 천주교 신앙 선조들의 삶의 영성과 향취를 느낄 수 있으며, 교황청으로부터 천주교 신자들의 세계 순례 성지로 지정되어 순례하는 분들은 하느님의 은총과 치유의 축복을 충만히 받을 수 있을 것이다.

구산성지는 2001년 4월 9일, 하남시 향토유적 4호로 지정되었다.

입구에 세워진 예수님을 안고 있는 성모상

순교자를 상징하는 도자기 위의
푸른 구슬과 높다란 기둥

옛날 교우촌에서 옹기를 구울 때 사용했던 가마

성남
분당 성요한성당

주소: 경기도 성남시 분당구 서현로 498

전화: 031-780-1114

주변 가 볼 만한 곳: 당골공원, 분당중앙공원, 한국잡월드, 수내동가옥, 정자동 카페 골목

　　　　　　분당 율동공원에서 광주 오포로 넘어가는 고개 초입에 웅장한 모습으로 길가에 서 있다. 성당의 외관이 둥그스름한 삼각형으로 되어 있으며, 뾰쪽한 십자가 첨탑이 좌우 두 곳에 있다. 아래에서 첨탑을 보려면 고개를 뒤로 많이 젖혀야 보일 정도로 높다랗다. 보는 방향에 따라 각기 다른 모습으로 보이기 때문에 성당을 한 바퀴 돌면서 보아야 제대로 볼 수 있다.

　　입구에는 분당성당의 수호성인인 사도 성 요한이 옆에 독수리를 데리고 있는 듯이 독수리 동상이 옆에 서 있다. 성당은 지하 5층, 지상 5층으로 되어 있다.

　　열두 사도가 새겨진 '요한의 문'을 통과하면 넓은 내부와 사무실이 나온다. 엘리베이터를 타고 성전으로 올라갈 수도 있지만 둥그런 원통형으로 되어 있어 유모차를 밀거나 걸어서 올라갈 수 있는 길도 있다. 원형으로 된 길 1층에는 '피에타'상이 우리를 맞는다. 성모님이 예수님을 안고 있는 백색의 대리석으로 만든 피에타 조각은 미켈란젤로가 1494~1495년에 만든 작품으로 바티칸 성베드로대성당에 소장된 것과 동일한 재질, 동일한 크기로 이탈리아 "프랑코에 체르비에띠" 회사에서 복제하여 미국과 대만에 이어 전 세계에서 세 번째로 설치된 작품이라고 한다.

설명을 읽고 보니 바티칸 성베드로대성당에 있는 미켈란젤로의 작품을 분당 성요한성당에서 감상할 수 있다니 감회가 더욱 새로워 한참을 둘러보았다.

원형의 길을 따라 대성전으로 올라가다 보면 천지창조, 노아의 방주, 최후의 만찬과 승천하시는 예수님까지 그려진 벽화가 펼쳐진다. 3층 성전 로비에서는 '미리내의 아침' 벽화를 맞이하게 된다.

대성전의 '자비의 문'을 열고 들어서면 동양 최대 규모의 웅장한 성전과 제대 위 정면에 부활하신 예수님이 두 팔을 벌리고 어서 오라고 맞아준다. 깔끔하고 넓은 성전에 압도당하는 기분이 느껴진다.

대부분의 성당 정면에는 십자가에 못 박힌 예수님이 계시는데 분당 성요한성당은 청동에 금장을 입힌 부활하신 예수님이 계시니 분위기가 한결 부드럽고 온화하다. 부활하신 예수님이 계시는 십자가 좌우상하 여백에는 조각이 새겨져 있다. 상단에는 십자가에 못 박히신 예수님이, 왼쪽에는 십자가 아래에 계시는 성모님이, 오른쪽에는 요한 사도가, 아래쪽에는 예수님의 시신을 안고 계신 성모님이 새겨져 있다.

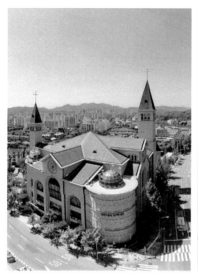

위에서 바라본 요한성당 모습

미켈란젤로 작품을 복제한 '피에타' 상

대성전으로 올라가는 원형길 벽면에 설치된 최후의 만찬

성전 제대 좌-우측에는 독일의 파이프오르간 전문 건축회사인 '칼 슈케'에서 만든 대형 파이프오르간의 파이프가 설치되어 있다. 마침 자매가 파이프오르간을 연주하는 곡을 들으며 묵상하고 있는 노 신사분이 조용히 앉아 계신다. 차분한 오르간 연주가 발걸음을 놓아주지 않아 나도 한참을 의자에 앉아 이곳으로 이끌어 주신 주님께 감사 기도를 드렸다.

천주교 수원교구 분당 성요한성당은 1993년 수원교구 '분당성당'으로 설정되어, 1995년에는 분당마태오성당과 분당마르코성당이 신설되어 분가한 후 2003년 10월 3일에 본당 성전봉헌식을 거행하였다. 2011년에는 '분당 성요한성당'으로 명칭이 변경되었으며, 2018년에는 본당 설정 25주년을 맞이한 후 오늘에 이르고 있다. 현재 신자 수는 1만 7천여 명이며, 신부님도 네 분이나 사목하고 계신다. 공식적으로 분당지구의 중심 성당은 분당성마태오성당이지만 성당의 크기와 규모 면에서 제2 대리구 분당지구 전체의 중심이라고 할 수 있다.

사진가가 찾은 한국의 아름다운 성당 50선

제대 뒤 벽면에 설치된 예수님상   웅장한 파이프오르간

대성전 제대와 내부

안성 미리내성지
103위기념성당과 성요셉성당

주소: 경기도 안성시 양성면 미리내성지로 416　　**전화:** 031-674-1256

주변 가 볼 만한 곳: 은이성지, 로스가든(노주현 카페), 금광호수, 안성맞춤랜드, 안성 남사당공연장, 석남사, 안성 팜랜드, 죽주산성, 허브마을, 고삼호수, 안성목장

안성 미리내성지 입구에 들어서면 '미리내성지'라고 쓰인 커다란 돌이 우뚝 서서 반긴다. 미리내성지는 신유박해(1801년)와 기해박해(1839년) 때 천주교 신자들이 이곳으로 숨어들어 옹기를 굽고 화전을 일구어 살았는데, 밤이면 불빛이 은하수처럼 보여 미리내라고 불리게 되었다.

　병오박해(1846년) 때 순교하신 한국인 최초의 사제이고 유네스코 세계 인물로 등재된 성 김대건 안드레아 신부님이 이곳에 안장되면서 주요한 의미를 갖게 되었다. 성지 입구 우측에는 성 김대건 안드레아 사제 서품 170주년 기념사업으로 건립한 한국순교성인복자상이 있다.

　우측 자그만 언덕에 아담한 성요셉성당이 있다. 초대 주임신부인 강도영 마르코 신부님이 신자들과 골짜기의 돌을 나르고 목재를 자르는 고난과 열정으로 쌓아 올려 1907년 9월 봉헌식이 열렸다. 해방 후 지붕과 종탑의 개조가 이루어져 현재의 모습이 되었다. 벽은 돌로 지어졌는데 제주도 한림성당과 두 곳밖에 없다고 한다. 성당 안에는 100년이 넘은 제대와 종이 있고 제대 아래에는 김대건 안드레아 신부님의 발가락뼈 유해가 모셔져 있다.

좌측길로 들어서면 예수님이 양팔을 벌리고 "고생하며 무거운 짐을 지고 허덕이는 사람은 다 나에게로 오너라. 내가 편히 쉬게 하리라"라며 반긴다. 길 양쪽에 아름드리 느티나무가 우거져 있고, 매미의 합창 소리에 발맞추어 시원한 그늘 길로 가다 보면 흰 대리석으로 된 웅장한 모습의 '한국순교자 103위 시성 기념성당'을 만날 수 있다. 산을 배경으로 서 있는 성전과 꼭대기에 십자가가 세워진 뾰족한 종탑이 멋진 조화를 이룬다.

이 성당은 1984년 김대건 신부님을 비롯한 103위가 성인품에 오른 것을 기념하고 선조들의 순교 정신을 길이 현양하기 위해 지어졌다. 성전 입구 왼쪽에는 103위 성인 중 성직자 대표인 성 김대건 안드레아 신부님의 성상이, 오른쪽에는 평신도 대표인 성 정하상 바오로의 성상이 있다. 성당 제대에는 성 김대건 안드레아 신부님의 종아리뼈 유해가 모셔져 있다. 제대 위 앞면 스테인드글라스 중앙에는 성령을 의미하는 비둘기와 성모님이, 그 아래에는 김대건 신부님을 비롯한 103명의 한국 성인들이 담겨 있다.

대성전 옆에는 다른 성당에서 볼 수 없는 성모님이 모셔진 성모당이 있다. 이 성모당은 성모 마리아에 대한 김대건 신부님의 신심을 기억하고자 2011년 8월에 '원죄 없이 잉태되신 복되신 동정 마리아'의 성상을 모셨다.

한국 순교자 103위 시성 기념성당 내부

성지 오른쪽 언덕에 세워진
고풍스럽고 아담한 성요셉성당

성지 입구에 세워진 표지석

십자가의 길이 조성된 14처 기도를 하며 올라가다 보면 조그마하게 지어진 '성김대건안드레아신부 기념성당'을 만날 수 있다. 미리내 성당의 초대 주임 강도영 마르코 신부는 김대건 신부님을 기리기 위한 기념관은 미리내에 세워야 한다는 강력한 주장으로 1928년 7월에 완공하여 제대 아래에는 김대건 신부님의 아래턱뼈, 척추뼈가 모셔져 있고 나무판 조각 일부가 전시되어 있다. 기념관 입구 좌우 양측에는 김대건 신부님을 비롯한 네 분의 사제 묘가 있으며, 좌측으로 올라가면 김대건 신부의 어머니인 '고 우르슬라' 묘도 있다.

103위 성당으로 올라가는 성전 지하에는 신앙의 선조들이 박해 시기에 신앙을 지키기 위해 고문당했던 모습과 형구들이 전시되어 있다. 뼈가 부서지고 살이 찢어지는 고통을 당하면서도 신앙을 지킨 선조들의 모습을 보니 숙연해진다.

성모님이 모셔진 성모당

성김대건안드레아신부 기념성당과
그 앞에 모셔진 묘지

기념성당 제대 밑에 안치된 성 김대건 안드레아 신부님의 종아리뼈 유해

안성성당

(천주교 수원교구 순례사적지 제3호)

주소: 경기도 안성시 혜산로 33
전화: 031-672-0701
주변 가 볼 만한 곳: 팜랜드, 미산저수지, 고삼호수, 죽주산성, 남사당전수관, 칠장사

성당 안에 주차할 곳이 없어 성당 옆 650년이 넘어 보호수로 지정된 커다란 느티나무가 있는 도로변에 주차하고 있는데 미사를 마치고 지나가던 할머니가 오늘 성당에서 점심으로 삼계탕을 주는데 많이 남는다며 꼭 먹고 가라고 신신당부하신다. 우리가 성당에 가려는 것을 어찌 알고 그러시는지. 이 성당의 신자가 아니라서 좀 미안한 마음이 들기도 했지만 염치 불고하고 신자들과 어울려 배부르게 한 그릇 비웠다. 시골 인심이 좋다는 것을 다시 실감한다.

안성성당은 1890년 안성 지역 최초의 공소인 바울과 선바위 공소가 설립된 이래 1900년에 충청도 공세리 본당으로부터 분리되어 설립되었으며, 경기도 지역에서 네 번째로 세워진 본당이다. 이후 1922년에 신자들뿐 아니라 일반 주민들의 도움으로 서울 교구의 프와넬 신부가 설계와 건축을 담당하였으며, 이례적이라 할 수 있는 초기 바실리카식 공간구성의 한·양 절충식 성당을 지었다. 성당은 80여 평의 규모로 보개면 동안리의 동안강당의 기와, 목재, 기둥과 석재 일부를 사용하였으며, 다른 주요한 목재들은 압록강에서 운반하여 사용하였단다.

제대 장식을 위한 십자가에 못 박힌 예수 등 다섯 점의 상본은 프랑스에서 들어왔다.

성당 내부의 기둥과 창틀 등은 대부분 나무로 지어졌다. 안성성당의 초대 주임인 앙투안 공베르(한국명: 공안국) 신부는 프랑스 시골 출신으로 안성에 정착하여 프랑스에서 포도 묘목을 들어온 것이 안성포도의 효시가 되었다. 또 지역의 근대화와 민족정신 계승을 위해 1909년 안성 최초의 근대사립학교인 안법학교를 설립, 운영하는 등 안성 지역 발전에 적지 않은 이바지를 했다.

계단 위에 높다랗게 서 있는 구 안성성당은 긴 십자가형으로 서양식 성당의 공간 구조와 비슷하다. 목조 기둥과 보가 짜맞추어져 골조를 이루고 그사이에는 회벽으로 마감되었다. 지붕에는 서까래가 걸리고 한식 기와가 올려져 있고 처마는 비교적 짧다. 서양 가톨릭 성당의 형식을 따랐지만, 재료는 전통적인 방식이 적용된 절충식 건물로서 성당 건축사에 귀중한 자료로 평가되고 있다. 높다란 종탑에 일곱 칸의 한옥이 기다랗게 연결된 형태로 국내에서는 유일한 삼량식 중층교회 건물이며, 지금은 사용하지 않고 내부에 들어가는 것을 허용하지 않아 밖에서만 관람해야 한다.

1985년 경기도기념물 제82호로 지정되었으며, 천주교 수원교구 순례사적지 제3호 지정되었다.

사진가가 찾은 한국의 아름다운 성당 50선

구 안성성당 내부

오른쪽의 안성성당과 왼쪽의 100주년 기념성당

구 안성성당의 옆모습

성당 옆에는 100주년 기념관이 있다. 성당의 설립과 시련을 견디어 내며 결실을 보고 그 영역을 넓혀간 역사가 전시되어 있다. 제의와 영대를 비롯한 각종 유물과 유품을 비롯하여 공베르 신부의 안성 포도 기원, 학교설립과 6.25 발발로 포로로 잡혀가 선종하신 것 등 다양한 활동상을 볼 수 있다.

옛 성당 아래에는 본당 설립 100주년을 기념하여 노출콘크리트 공법으로 지은 흰색 성당이 있다. 지하 1층과 지상 2층으로 지어진 840여 평의 웅장한 모습으로 1층에 대성전이 있다. 제대를 중심으로 장방형으로 좌석이 널따랗게 펼쳐져 있으며, 제대 위에 사각형 천창을 만들어 햇볕이 제대를 훤히 밝힐 수 있도록 했다. 대성전 입구에는 한 벽면 전체를 차지할 정도의 크기로 초대 주임인 공베르 신부님의 얼굴 사진이 걸려있다.

국제기념물유적협의회 한국위원회의 2011년 보고서에 의하면 안성성당은 세계문화유산 잠정목록에 우선추천 유산으로 추천되기도 했다.

100주년 기념성당의 내부

초대 주임인 앙투안 공베르(한국명: 공안국)
신부님 흉상

노출콘크리트 공법으로 지은 100주년 기념성당

화성
남양성모성지(성지)

주소: 경기도 화성시 남양읍 남양성지로 112　**전화**: 031-356-5880

주변 가 볼 만한 곳: 제부도해수욕장, 궁평항, 제부도 해상케이블카, 비봉습지공원,
무봉산 자연휴양림, 홍난파 생가, 남양호

무더운 날씨지만 남양성모성지 들어가는 길 좌우에 늘어진 가로수가 시원한 그늘을 만들어 준다. 입구에 들어서면 저 멀리 붉은 벽돌로 만들어진 커다란 두 개의 큰 기둥과 그 사이에 일곱 개의 종이 걸린 성당이 보인다. 지난번에 찾았을 때는 성당 앞이 공사하느라 붉은 흙이었는데 이제는 푸른 잔디가 깔려 있고 스프링클러로 물을 뿌려준다.

여유 있게 도착했더니 대성당 입구에서 안내하시는 분이 미사는 11시에 있으니 10시 반까지는 촬영할 수 있다고 한다. 성당 내부 촬영이 불가하거나 거부감을 보이는 성당도 많은데 안내까지 해주다니 감사하다. 2층 대성당으로 올라가는 계단은 바닥에 은은한 조명이 들어와 천국으로 들어가는 것 같은 기분이 들기도 한다.

육중한 문을 열고 대성전에 들어서자 널따란 성당이 눈앞에 확 펼쳐진다. 저 앞쪽 제대 위 공중에는 예수님이 계신다. 웅장하고 장엄한 분위기에 압도된다. 몇 년 전에 왔을 때는 테이블도 없이 플라스틱으로 된 의자만 놓여있었는데. 이제는 외국에서 제작한 원목으로 된 탁자와 의자가 놓여있다. 예술품 같다. 수많은 신자의 정성과 기도 덕분이 아닌가 한다.

내부에는 파이프오르간에서 성음악이 은은히 흘러나와 마음이 차분해진다. 자연 채광으로 빛이 들어와 성전 내부가 훤하다. 구성당에서 미사를 드릴 때부터 순례를 온 적이 있지만 새로운 성전에 들어오면 절로 은혜가 충만해질 것 같다. 함께한 아내는 다녀본 성지중에 제일 마음에 든다고 한다. 양쪽 벽 쪽에는 장구처럼 잘록하게 다듬어진 나무 의자가 앙증맞게 놓여있다. 아름답고 성스러운 성전의 모습을 마음껏 카메라에 담았다.

1층 성물 판매소 옆에 있는 소성당에는 벽에 있는 예수님과 제대를 비추는 한 줄기 빛만 들어와 성스러운 분위기로 마음이 차분해진다.

지금의 대성당이 건축되기 이전에 사용하던 입구 쪽의 경당은 찾은 사람이 없어 조용하지만, 오히려 기도하기에는 더 좋지 않나 생각된다. 자매 혼자 조용히 기도하다 우리가 들어서자 슬그머니 일어선다. 기도하는 데 방해가 되지 않았나 하는 생각이 들어 미안한 마음이다. 유리창 너머 성당 밖 나무에 매달려 있는 예수님의 모습이 애처롭다. 조용히 앉아 기도하기에는 안성맞춤일 것 같다. 서울에서 멀지 않은 곳에 이런 멋지고 아름다운 성당이 있다는 것에 마음이 행복해진다.

높은 곳에서 본 남양성모성지 전경

2층 대성당으로 올라가는 계단

대성전 제대

남양성모성지는 무명의 천주교 신자들의 순교지였지만 오랫동안 방치되다 1982년 박지환 요한 신부님이 발굴한 후 성역화가 시작되었다. 1991년 10월 7일 묵주기도의 복되신 성모 마리아께 봉헌되어 한국 천주교회에서 처음으로 성모 성지로 공식 선포된 곳이다. 그 후 2017년 성모 발현 100주년을 기념하여 통일기원대성당을 건립하기 위해 리우미술관과 강남 교보타워를 설계하고 건축계의 노벨상인 프리츠커상을 수상한 마리오 보타가에게 설계를 의뢰하였다.

　남양성모성지는 병인박해(1866년) 때 수많은 순교자가 피 흘리며 죽어간 무명 순교지다. 다만 충청 내포의 김 필립보와 박 마리아 부부, 용인 덧옥골 정 필립보, 수원 걸매리 김홍서 토마 등 네 명의 순교자만 기록이 전해진다.

　남양성모성지 둘레에는 화강암으로 만들어진 지름 70센티 크기 돌 묵주 알들이 4.5m 간격으로 놓여있어 순례자들이 묵주 한 알씩 짚어가며 기도를 바칠 수 있다. 성지는 전체적으로 나무가 우거져 있는 등 아름답게 단장되어 있어 기도하기에 좋을 것 같다. 화성시는 화성8경 중의 하나로 지정하여 홍보하고 있다.

대성전 내부 모습　　　　　　　한 줄기 빛이 들어오는 소성당 제대와 예수님

대성전 건축하기 이전에 사용하던 입구 쪽의 경당 내부

용인 수지
신봉동성당

주소: 경기도 용인시 수지구 태봉로 27번길 8 　**전화**: 031-261-7133
주변 가 볼 만한 곳: 에버랜드, 호암미술관, 한국민속촌, 와우정사, 동백호수공원, 은이성지,
한택식물원, 고기리계곡, 동천자연식물원, 수지생태공원, 광교산

수지 광교산 자락 아래에 자리 잡은 신봉동 성당은 입구 도로에서 보면 노출콘크리트로 지은 커다란 원통처럼 보인다. 우리가 생각해 오던 성당과는 전혀 다른 외관이다. 위에서 보면 성체 형상과 같은 둥근 모양이다. 성당의 밑그림은 교회의 전통을 지키면서도 관습을 탈피해 새로움을 추구하는 프랑스 건축가 베르나르 게일러 씨가 그렸다고 한다. 도로변에서 바로 지하 주차장으로 들어갈 수 있도록 연결되어 있다. 4층으로 되어 있는 건물은 1층에는 원형으로 된 성당이 있고 뒤편으로 사무실을 비롯한 관련 시설이 있다.

계단을 통해 1층으로 올라가면 성 오메트로 베드로 신부님이 양손을 가지런히 하고 우리를 맞는다. 빙 둘러 가며 설치된 14처를 지나서 건물로 들어서면 로비의 성모상 위에 자리한 지름 1미터가량의 원형 유리화를 만날 수 있다. 성전 문을 살포시 밀고 들어가면 정면 제대 뒤에 가로 9미터, 세로 6미터 크기의 대형 유리화 작품이 눈에 확 들어온다. 기둥이 하나 없는 성전 내부는 탁 트인 개방감과 화사한 분위기를 느낄 수 있다.

이 성당의 스테인드글라스는 피카소 이후의 최고의 화가라고 칭송받고 있는 도미니코 수도회 김인중 신부님의 작품이다. 제대 뒤 대형 작품은 삼위일체를 상징한다. 그 중앙에 십자가와 예수님이 계신다. 김 신부님의 작품으로 전례 공간을 꾸미기 위해 성당 설계와 작품 구상을 동시에 진행한 것이라고 한다. 제대 좌우에 12개 창에도 가로 1미터, 세로 6미터의 유리화 작품은 십이사도를 상징한다. 노출콘크리트로 된 단조로운 성당에 노랑, 초록, 파랑, 주황 등 색색이 빛을 내뿜는 유리화가 조화를 이루면서 화사한 아름다움을 뿜낸다. 유리화에서 나오는 화려하고 평화스러운 분위기에서 주님의 은총이 가득히 내리는 것을 느낄 수 있다.

지금까지 유럽 50여 개의 성당이 김 신부님 작품으로 꾸며졌으며, 천 년 전에 지어진 성당도 김 신부님의 작품을 설치하면서 생기를 되찾는다고 한다. 아프리카의 차드공화국에도 김 신부님의 작품 93점을 설치할 정도로 이 분야에서는 세계적인 명성이 자자하다고 한다. 김 신부는 "신봉동성당이 나라와 종교를 넘어서 전 세계인들의 마음에 다가갈 수 있는 전례 공간이자 문화공간"이 될 것이라 기대를 전했다고 한다.

신봉동성당은 유리화가 아름답기로 유명하여 전국에서 찾아오는 순례객이 많다고 한다.

성당 제대 전면에 6X9미터 크기로 설치된 스테인드글라스

창에 설치한 십이사도를 상징하는 유리화

성당 내부는 원형으로 되어 있어 좌석도 제대를 향하여 둥그렇게 설치되어 있다. 넓은 내부는 아니지만 아담하고 온화한 분위기를 느낄 수 있다. 2008년 수지 본당에서 분가하여 2019년 신설된 신봉동성당은 신자들의 의견을 수렴하여 김 신부의 유리화를 설치하기로 하였다.

성전 입구 봉헌함에는 "우리 성당 이쁘지요? '봉헌'도 해 주시면 많은 도움이 되겠습니다"라는 문구가 붙어 있다. 아직 신설된 지 얼마 되지 않아 여러 가지로 어려움이 있을 것 같은 느낌이 들었다.

신봉동성당은 1863년 조선에 입국하여 병인박해 때 갈매못에서 순교하고 103위 성인에 오른 프랑스 출신 성 오메트로 베드로 신부님을 주보성인으로 모신다. 성전을 나오면 로비 한편에 '에제끄1837'이라는 카페가 자리하고 있다. 에제끄는 성 오메트로 신부의 고향이고, 1837은 신부님이 태어난 해다. 커피라도 한잔하고 싶지만, 평일이라 찾는 사람이 적어 문을 열지 않는 모양이다. 아쉽다.

사진가가 찾은 한국의 아름다운 성당 50선

성당 입구에 설치된 묵주기도처

도움의 손길을 원하는 안내문

좌석이 제대를 향하도록 둥그렇게 설치된 성당 내부

3장

강원 지역

춘천 주교좌
죽림동 성당(성지)

주소: 강원특별자치도 춘천시 약사고개길 23

전화: 033-254-2631

주변 가 볼 만한 곳: 남이섬, 제이드가든, 삼악산 호수케이블카, 의암호 스카이워크

도로에서 성당으로 올라가는 초입에는 성모님과 요셉 성인이 아기 예수를 안고 있는 돌 조각상이 세워져 있는데 얼굴 모습이 조금은 이국적이다. 성당에 들어서서 좌우에 본당으로 들어가는 길은 지붕이 덮인 긴 회랑으로 되어 있으며, 신자들이 봉헌한 십자가의 길이 동판으로 된 부조로 설치되어 있다.

성당 마당에 들어서면 두세 아름도 넘어 보이는 커다랗고 울창한 느티나무 두 그루가 먼저 눈에 들어온다. 그 옆으로 흰 대리석으로 된 성당이 자리 잡았다. 푸른 잔디가 깔린 성당 마당은 주변보다 높은 언덕에 있어 춘천 시가지가 훤히 내려다보인다. 높은 곳이라 무더운 여름에도 바람이 불어와 시원함을 느낄 수 있다.

성당 전면 좌우에는 예수님을 안고 있는 성모님과 요셉 성인 상이 세워져 있다. 성당 옆 커다란 느티나무 아래에는 카페가 있어 미사를 마친 신자들이 차나 커피를 마시며 환담하기에 안성맞춤일 것 같다. 나도 순례를 마치고 아내와 함께 커피를 한잔 마시며 여유를 가져본다.

지금 성당이 있는 곳은 춘천 지역 최초의 공소라 할 수 있는 곰실 공소가 이전하여 1928년 5월부터 춘천의 첫 성당으로 사용하게 되었다. 1949년에는 신축 기공식을 갖고 거의 완공단계에 이르렀으나 6.25로 인하여 한쪽 벽면이 무너지고 사제관 등 부속 건물이 대파되었다. 또한, 성당에서 미사를 드리던 구 토마스 교구장을 비롯하여 외국인 사제와 수녀 등 수백 명이 끌려가는 죽음의 행진을 해야 했다.

그 이후 1951년부터 성당 복구를 시작하여 1956년 현 성당을 축성하였다. 2000년 대희년에 성당의 공간과 형태는 그대로 보존하면서 전례 거행에 합당하고 예술적으로 흡족한 성전으로 중건하여 오늘에 이르고 있다.

성당 뒤뜰에 있는 교구 성직자 묘역에는 춘천교구에서 사목활동을 하다가 선종한 사제들이 잠든 곳인 동시에 신앙을 증언하고 목자로서의 소명을 다하기 위해 애쓰다가 희생된 순교자들이 함께 모셔져 있다.

한국전쟁 중에 희생당한 성골롬반외방선교회 고 안토니오 신부, 라 파트리치오 신부, 진 야고보 신부의 유해가 안장되어 있고, 북한에서 순교하여 유해를 모실 수 없었던 백응만 다라소, 김교명 베네딕도, 이광재 티모테오, 손 프란치스코 신부의 가묘가 조성되어 있다. 아울러 '죽음의 행진' 속에서도 살아남아 교황 사절과 춘천 교구장으로 교구의 초석을 놓은 구인란 토마스 주교의 묘도 있다.

성당 앞에 넓게 펼쳐진 잔디밭과 느티나무

성모님과 요셉 성인이 아기 예수님을
안고 있는 조각

성당 내부 전경

춘천교구 주교좌성당인 죽림동성당은 근대문화유산으로의 가치가 인정되어 2003년 6월 25일 문화재청으로부터 근대건축유산 문화재 제54호로 등록되었다.

사진가가 찾은 한국의 아름다운 성당 50선

성당 옆모습

성당 입구에서 성전으로 들어가는 긴 회랑

성당 뒤뜰에 조성된 교구 성직자 묘역

속초
동명동성당

주소: 강원특별자치도 속초시 영랑로7길 10-5

전화번호: 033-632-3088

주변 가 볼 만한 곳: 동명항, 대포항, 청초호, 설악산, 영금정, 아바이순대 마을, 갯배 승차장

바람과 함께 폭우가 쏟아진다. 한 손으로 우산을 받고 카메라로 사진을 촬영하려고 하자 잘되지 않는다. 잠깐 바람이 머뭇거리는 사이 사진을 촬영한다. 동명항을 비롯하여 속초 시가지가 훤히 내려다보이는 높다란 언덕에 성당이 우뚝 서 있어 바람이 더 센 것 같다. 속초항과 동명항, 국제크루즈터미널, 영금정이 손에 잡힐 듯하여 가슴이 후련하다. 성당 마당에서 아침 일출을 봐도 멋있을 것 같다.

상앗빛 벽에 검은색 철판으로 지붕이 이어진 기다란 성당이다. 화려하기보다는 소박하고 아담하면서도 예술미가 보이는 멋들어진 모습이다. 성당 뒤편으로는 붉은 벽돌로 된 파티마의 집과 건물 옆으로는 커다란 해송이 잘 어울려 서 있다.

성당 옆 사무실 건물에 원형으로 된 천국의 계단을 통해 2층으로 올라가면 쉼터가 있다. 성당이 높은 언덕에 자리 잡은 데다 이곳 쉼터는 더 높아 전망이 좋을 것 같은데 비바람이 거세어 위험해서인지 들어가지 못하도록 잠가 놓아 아쉬움을 남긴 채 내려왔다.

동명동성당은 한국전쟁 중이던 1951년 미군정 통치가 이루어지고 있던 때 북한군을 피해 월남했던 피난민들을 위해 성당을 세우기로 하고 '원 파트리치오' 신부를 파견하였다.

신부님은 1952년 10월 1일 교구의 인가를 받아 미군정 사령부의 도움과 신자들의 노력으로 성당 앞 바다인 영금정에서 돌을 캐내고 다듬어 벽을 쌓았고, 미군이 폐기했던 드럼통을 두드려 펴서 지붕을 덮어 1953년 10월에 성전을 완공했다. 그 결과 지붕의 색이 검게 보인다고 하여 지역 주민들은 '검은 성당'이라고 불렀다.

그 이후 성당은 피난민들의 보호처이면서 식량과 의약품의 배급처로 역할을 하였고 지금까지 한반도 평화와 화해를 위한 기도 장소로 이어오고 있다. 또한 속초 시민들에게는 해가 바뀔 즈음이면 바다에서 떠오르는 해맞이를 위해 찾는 명소가 되었다.

성당 안 제단 곁에 단아한 모습의 성모님은 이 성당의 주보인 파티마 성모님이다. 이 성모상은 성당 건립 초기 때부터 지금까지 함께해 온 유물이다.

성당 내부는 화려하지는 않지만 정갈하게 정돈되어 있고 널따란 창문이 있어 자연 채광으로도 성당 안이 훤하다.

지금도 성당 주위에 고층 건물이 조망을 가리고 있는 데다 무분별한 난개발로 바닷가 쪽으로 고층 건물이 들어서려 하고 있다. 전쟁 중에 건축된 국내 유일의 성당이고 고향을 잃었던 이들의 피난처였으며, 새로이 떠오르는 해를 바라보면서 수많은 이들이 평

초록 잔디가 보이는 성당 옆에서 본 모습

성당 내부

눈이 소복이 내린 성모동산에 서 계시는 성모님

화를 기원하는 성당 전면에 49층의 초고층 아파트 3동 건축을 추진하고 있어 고민이 깊어지고 있다.

　그렇게 되면 일조권과 조망권이 침해되고 옛 모습이 사라질 위기에 처해 있어 시민들의 도움을 호소하는 안타까운 실정이다. 성당 측의 바람이 잘 이루어져 다음에 찾을 때도 성당에서 속초 앞바다를 훤히 볼 수 있기를 바란다.

성당 주변에 들어선 고층 아파트

사무실 위에 만들어진 천국의 계단

성당에서 바라본 영금정

(국가등록문화재 제457호)

강릉
임당동성당(순례지)

주소: 강원특별자치도 강릉시 임영로 148

전화: 033-642-0700

주변 가 볼 만한 곳: 강릉대도호부 관아, 경포대, 선교장, 오대산국립공원, 정동진, 안목해변

　　　　강원도 대부분 성당이 높은 언덕에 있어 주변이 훤히 내려 보이는 것과는 달리 임당동성당은 시내 중심지 평지에 있으며 강릉에 설립된 가장 오래된 성당이다.

　　성당 내부에 들어서면 양옆 유리에는 눈을 확 뜨이게 하는 밝은 색의 조광호 신부님의 유리화 작품들과 그 사이로 들어오는 햇볕으로 성당 전체가 화사하여 겨울이지만 따뜻한 분위기를 느낄 수 있다. 또한, 내부의 문양과 몰딩의 양식이 정교하여 이곳에서 드라마 '미스터 선샤인'이 촬영되었다고 한다.

　　1866년 이후 신자들에 대한 탄압이 더욱 심해져 많은 교우가 박해를 피해 영동지방까지 피신하여 교우촌을 이루고 근근이 생계를 이었다. 1868년 강릉 굴아위에 살았던 심능석 스테파노와 이유일 안토니오가 잡혀 서울로 끌려가 순교하였다. 심 스테파노는 자신을 찾아 서울에서 온 포졸에게 떳떳이 천주교인임을 밝히고 붙잡혔다. 심 스테파노와 이 안토니오는 현재 한국 천주교회에서 시복을 추진하고 있으며, 춘천교구 교우들은 미사 때마다 시복 시성을 청하는 기도를 바치고 있다.

1921년 7월 양양 본당 보좌 신부였던 이철연 프란치스코 신부가 금광리 교우촌에 머물면서 사목한 데서 시작되어, 주문진으로 본당을 옮겼다가, 1934년 이곳 강릉에 자리 잡았다. 그동안 강릉 본당으로 불리다가 1974년 11월 임당동 본당으로 이름을 변경하였다.

1955년 준공된 성당은 당시 강원 지역에서 고딕 양식으로 건축된 성당 가운데 대표적인 사례로 평가받고 있다. 건물 외관의 뾰쪽한 종탑과 지붕, 내부의 문양 및 몰딩 장식은 다른 성당에서는 보기 드문 형태로 관심을 끌고 있다. 아치 형태의 창문과 측면 압력을 견딜 수 있도록 외벽에 돌출하여 설계하는 보강용 벽을 이용한 입면 구성 등 건축 당시의 외형이 원형대로 보존되어 있다. 그 때문에 2010년 대한민국 근대문화유산으로 인정받아 국가등록문화재 제457호로 지정되었다.

성당 입구 마당에는 간 토마스 신부상과 설명문이 세워져 있다. 신부님은 아일랜드 출신으로 '강원도에서 가장 무서운 신부'로 소문났으며, 미사 때 조금만 늦어도 문을 잠그게 했지만, 가난한 이들을 위해 많은 일을 하셨다는 일화가 적혀 있다.

사진가가 찾은 한국의 아름다운 성당 50선

성당 내부

성당 내부의 유리화

눈 쌓인 성당 측면 모습

성당 앞에는 본당 출신 첫 번째 사제이신 김교명 베네딕도 신부 상이 세워져 있다. 신부님은 해방 후 남한으로 탈출하는 신자들이 늘어나고 공산당의 감시가 강화되자 월남하자는 권유를 받았다. 하지만 신자들만 남겨두고 갈 수 없다며 단호히 거절하고 사목활동을 계속했다.

그 이후 평양 대교구장 홍영호 프란치스코 주교가 납치되고 교구 성직자들이 거의 다 체포되어 북한 교회가 침묵 속에 빠진 상태에서 한국전쟁이 발발한 다음 날인 26일 새벽에 정치보위부에 연행되어 신의주 보안서로 이송된 후의 행적은 알 수가 없다.

겨울에 방문하면 눈이 많은 지역이라 건물 지붕을 비롯하여 각종 석상 위에는 높다란 관을 쓰고 있는 것처럼 눈이 소복한 모습이 특이하다.

본당 출신 첫 번째 사제이신
김교명 베네딕도 신부상

눈 속에 파묻힌 아기 예수님을 안고 있는 성모님

양양성당
(순교사적지)

(춘천교구 사적과 착한 목자 기념성당으로 선정)

주소: 강원도 양양군 양양읍 군청길17(성내리)

전화: 033-671-8911

주변 가 볼 만한 곳: 하조대, 하조대 해수욕장, 미천골자연휴양림, 진동계곡, 설악산, 대포항

오르막길을 걸어 성당이 있는 곳에 올라서면 예수님이나 성모님 상이 서 있는 다른 성당과는 달리 이광재 티모테오 신부님이 우리를 맞는다.

성당 주위를 돌아가며 십자가의 길 기도를 할 수 있도록 조성되어 있는데 14처의 돌 조각이 조금 특이한 모형으로 만들어져 있다. 성당은 시내 중심지 높은 언덕에 있어 주변이 훤히 내려다보인다.

양양성당은 1921년 4월 영동 지역에 최초로 설립된 본당이다. 한국전쟁 당시 인민군에 의해 파괴되었다가 1954년 신자들이 직접 공사에 나서 다시 건축되었다. 2020년 성당 건립 100주년을 기념하여 천주교 춘천교구 사적과 착한 목자 기념성당으로 선정되었다. 성당 내부는 기다랗고 깔끔하게 잘 꾸며져 있다. 넓은 스테인드글라스 덕분에 엄숙하면서도 환하여 마음이 평안해진다.

양양성당은 평생을 청빈과 봉사 정신으로 사목활동을 하시다가 끝내는 순교하신 이광재 티모테오 신부님의 얼이 서려 있는 곳이다. 성당 입구에 들어서 오르막길을 조금 올라가면 커다란 벚나무 아래에 이광재 신부 기념관과 추모 순교각이 있다.

티모테오 신부는 1939년 7월 양양성당 주임신부로 부임하였는데 기념관 안에는 이광재 신부 사진과 사목 당시의 제의, 성서, 미사 도구 등이 전시되어 있다.

신부님은 광복을 맞고도 38선이 그어지면서 공산 치하에서 많은 성직자와 신자들이 종교탄압에 밀려 피난길에 오르자, 목숨을 걸고 차례차례 38선을 넘을 수 있도록 도움을 주셨다. 그러던 중 평안·이천 등 이북 곳곳에서 사제들이 잡혀갔다는 소식에도 위험을 무릅쓰고 그곳 교우들을 보살피다 체포되어 원산으로 끌려가셨다. 신부님은 1950년 10월 9일 원산 방공호에서 인민군의 총탄을 맞고 쓰러져서도 피 흘리는 주변의 사람이 물을 달라고 하자 "제가 가겠습니다, 기다리세요, 제가 물을 드리겠어요"라고 외치며 순교하여 '양들을 위해 목숨을 바친 착한 목자'가 되셨다.

당시 이광재 신부의 죽음을 본 한 개신교 목사는 "마지막 숨을 거두는 순간까지 죽어가는 또 다른 이웃을 생각할 수 있을까. 가톨릭 신부는 위대하다"라고 술회하였다고 한다.

이를 상징하듯 수돗가에는 "내가 물을 떠다 줄게요!"라는 글씨와 물을 떠다 드리는 신부님의 모습이 돌에 새겨져 있다.

춘천교구는 해방 후부터 한국전쟁이 발발하기 전까지 신앙과 자유를 찾아 38선을 넘어 남하한 도보 길을 2000년부터 티모테오 순례길로 조성하여 이광재 신부의 삶을 묵상할 수 있도록 매년 10

티모테오 신부 순교각과 유물전시실

앞에서 바라본 성당

양양성당 측면 모습

월 9일 도보 순례를 하고 있다.

  또한, 춘천 교구장 김운회 주교님은 2017년 9월 1일 모든 사제의 모범인 이광재 티모테오 순교자가 마지막으로 사목하던 양양 성당을 성지로 선포하셨다.

사진가가 찾은 한국의 아름다운 성당 50선

이광재 티모테오 신부상

신부님이 총탄을 맞고 쓰러지시면서도 하신
말씀을 형상화하여 수돗가에 새긴 모습

양양성당 내부

원주
용소막성당(순례지)

주소: 강원특별자치도 원주시 신림면 구학산로 1857   **전화**: 033-763-2343

주변 가 볼 만한 곳: 치악산국립공원, 구룡사, 간현관광지, 강원 감영,
오크벨리스키장, 반곡역

　　　　　중앙고속도로 신림IC에서 내려 5분 정도 자동차를 달려 성당을 찾아가다 보면 울창한 숲으로 가리어 잘 보이지 않지만, 종탑 윗부분이 보여 처음 가는 사람도 여기가 성당이라는 것을 알 수 있다.

　성당 입구로 들어서면 150년이 지나 보호수로 지정된 아름드리 느티나무 다섯 그루가 붉은 벽돌로 된 성당을 포근히 감싸고 있는 모습에 도취해 가슴속에서 탄성이 터진다. 먼 길 찾아온 수고스러움이 단숨에 해소되고도 남는다. 봄에는 연녹색 가지에서 새싹 움트는 소리를, 여름에는 울창하게 우거진 느티나무의 시원한 그늘에 앉아 땀을 식히는 모습을, 가을이면 울긋불긋한 단풍과 양탄자처럼 깔린 푹신한 낙엽 밟으며 걷는 촉감을, 겨울에는 앙상한 가지에 소복이 눈이 쌓여 있는 환상적인 풍경을 그려보면 계절마다 찾아오고 싶어진다.

　성당 내부는 스테인드글라스로 장식된 창문으로 햇볕이 들어와 불을 밝히지 않아도 훤하다. 성당 입구 좌측 언덕에는 자상한 성모님이 내려다보고 계시고 성당 뒤 높은 언덕의 계단을 오르면 사제관과 수녀원이 있다.

올라가 보고 싶은 충동이 일지만 올라오지 말라는 푯말이 보인다. 안쪽으로 들어가면 피정의 집과 두루의 집이 있고, 언덕 아래 돌로 벽을 쌓은 토굴에는 성체조배실이 있다. 사제관 주변 산에는 소나무가 울창하다.

용소막성당은 강원도에서 풍수원성당과 원주성당에 이어 세 번째로 건립되었다. 풍수원성당의 전교 회장으로 있던 최도철 씨가 1898년에 원주 본당 소속 공소로 모임을 시작했다가 1904년 '프와요' 신부가 초대 본당 신부로 부임하면서 독립 성당이 되었다. 처음에는 초가 건물이었으나 1915년 '시젤레' 신부가 중국 기술자들을 고용하여 벽돌을 쌓아 올리고 정면 중앙부에 높은 첨탑을 갖춘 성당이 지금의 자리에 건립되었다. 종탑은 정면에 까마득히 높아 한참을 뒤로 가야 겨우 카메라에 담긴다.

일제 강점기에는 일본군에 의해 종이 공출되고 한국전쟁 때는 북한군의 창고로 사용하는 등의 수난을 겪었다. 이 성당은 고딕 양식을 변형시킨 당시 우리나라 벽돌 성당의 모습을 잘 보여주고 있어 강원도 유형문화재 제106호와 천주교 순례지로 지정되었다.

성당 옆에 보호수로 지정된 느티나무 5그루가
서 있는 모습

용소막성당 전경

환하고 아늑한 성당 내부의 모습

성당 좌측에는 신·구약 성서 공동번역 가톨릭 전문위원으로 위촉되어 구약 공동번역 사업에 참여하셨던 선종완 라우렌시오 신부님의 삶과 업적을 기리기 위한 기념관이 있다. 강원도 원주군 신림면 용암리 즉 지금 성당 입구 좌측에는 신부님의 생가터가 남아있다. 성심학교와 일본 유학을 다녀오신 후 성신대학 교수로 지내시다 로마와 이스라엘 유학을 마치고 귀국하여 가톨릭대학 교수로 복직하셨다.

1955년 9월부터 1976년 7월 초 별세할 때까지 20년 이상 후배 양성과 성서 연구에 몰두하셨다. 신부님은 처음으로 구약성서를 우리말로 번역한 성서학자이며, '말씀의 성모영보수녀회'를 설립하기도 했다. 기념관 안에는 신부님이 번역한 성서와 집필 당시 사용하셨던 물품이나 유품들이 전시되어 있다. 이런 이유로 많은 사람으로부터 이 성당이 "말씀의 성지"로 불리기도 한다.

한적한 시골이지만 인근에 깔끔한 분위기의 '아우룸맛집'이라는 한정식당에 들러 자연산 버섯전골로 출출해진 속을 채울 수 있었다. 동네 사람뿐만 아니라 여행객들도 들리는 맛집이었다.

사진가가 찾은 한국의 아름다운 성당 50선

숲속에 아담하게 자리 잡은 용소막성당

성모님과 기도하는 소녀

선종완 라우렌시오 사제 유품관

(성전은 강원도 지방유형문화재 제69호, 구 사제관은 등록문화재 제163호)

횡성
풍수원성당(순교사적지)

주소: 강원특별자치도 횡성군 서원면 경강로 유현1길 30

전화: 033-342-0035

주변 가 볼 만한 곳: 오크밸리스키장, 비발디파크, 횡성호수길

성당으로 올라서면 커다란 느티나무 옆에 붉은 벽돌로 된 아름다운 성당이 눈앞에 다가온다. 외형으로 언뜻 봐서는 명동성당과 많이 닮아 보였지만 한국 최초의 성당인 약현 성당을 모델로 삼아 지었다고 한다.

성당 옆 언덕에는 예수님이 두 팔을 벌리고 어서 오라고 하신다. 1888년 한국에서 네 번째로 설립된 풍수원성당은 1910년 봉헌식을 했으며, 한국인 신부가 지은 최초의 성당이며 강원도 최초의 본당이다.

성당 내부는 나지막한 의자가 놓여 있고, 아름다운 유리화 작품으로 장식된 창문으로 빛이 들어와 내부가 훤하다. 제대에는 성부와 성자와 성령을 상징하는 이미지를 넣어 삼위일체의 신비를 묘사했고, 신자들의 공간인 출입문 위에 있는 세 개의 창에는 예수, 마리아, 요셉의 성가정을 상징적으로 나타내고 있다.

양쪽 창문에는 창세기와 예수님의 생애와 노아, 아브라함, 야곱 등을, 하늘의 종탑에는 예수님과 함께 종말을 준비하자는 뜻으로 묵시록에 나오는 두루마리 천사, 나팔 천사, 분향 천사로 꾸몄다. 풍수원성당의 유리화는 300명의 봉헌으로 마련되었으며, 최성호

루카 형제와 직원들이 제작했다.

풍수원 산골짜기에 천주교 신자들이 찾아 든 것은 1801년 신유박해부터다. 복자 신태보 베드로의 인도로 순교자 가족들과 신도 40여 명이 경기도 용인 일대에서 피신처를 찾아 떠돌다가 이곳에 정착하면서 최초의 교우촌이 만들어졌다. 계속되는 박해 때마다 교우들이 숨어들어 점점 큰 촌락이 형성되었다.

성직자도 없이 신자들끼리 돌돌 뭉쳐 80여 년 동안 신앙을 지켜온 이곳에 한불수호통상조약(1886년)으로 신앙의 자유가 보장된 후 1888년 본당이 설립되었다. 이렇게 풍수원 교우촌은 당시 조선교구장 뮈텔(Mutel) 주교에 의해 강원도 최초의 본당이 되고, 초대 주임으로 르메르(LeMerre) 신부가 부임하여 신앙의 꽃을 피웠다.

본당의 기초를 닦은 르메르 신부가 8년 만에 떠나고 부임한 정규하 아우구스티누스 신부는 선종할 때까지 무려 47년간 오로지 이곳에서만 사목하셨다. 춘천, 원주 교구의 모태가 된 이 본당을 직접 설계 감독하여 한국인 사제로서 최초로 1910년에 지었다. 본당 신자들이 산에서 나무를 베고 돌을 날랐으며, 여성 교우들은 인근 산에서 가지고 온 진흙으로 벽돌을 찍고 가마에 구워 머리로 날랐다. 신자들의 눈물겨운 정성과 땀으로 탄생한 풍수원성당은 고딕-로마네스크-바실리카 건축 양식이 함께 어우러진 문화재다.

사진가가 찾은 한국의 아름다운 성당 50선

강원도 지방 유형문화재 제69호로 지정된 성전 전경

성당 내부 전경

성당 왼쪽 산밑에 재현해 놓은
초창기 신자들이 미사를 드렸던 성당

성전은 1982년 강원도 지방 유형문화재 제69호로, 구 사제관은 2005년 대한민국 등록문화재 제163호로 지정되었다.

지금은 역사관으로 사용하고 있는 1912년에 지은 구 사제관에는 그 당시 미사 때 사용하던 각종 성서와 미사 도구, 제의 등과 함께 풍수원성당의 역사가 담겨있다. 성당 뒤 오솔길에는 십자가의 길이 조성되어 있으며, 옛 가마터와 그 당시 주민들이 사용하던 농기구 같은 물품이 전시된 유물전시관 위에는 수많은 장독이 놓여 있다.

특히 풍수원성당의 성체거동성체현양대회는 1920년부터 한국전쟁 때를 제외하고 해마다 성체성혈대축일을 맞아 거행되고 있어 신자들에게 성체와 성혈의 신심을 뿌리내리게 하는 데 이바지하고 있다.

성당 뒤편 산밑 넓은 광장에 마련된
성체거동성체현양대회장

느티나무 아래 아담하게 자리 잡은 성물판매소

역사관으로 활용되고 있는 대한민국등록문화재 제163호 구사제관

4장

충북·충남 지역

제천
배론성지(성지)

주소: 충청북도 제천시 봉양읍 배론성지길 296

전화: 043-651-4527

주변 가 볼 만한 곳: 의림지, 청풍호, 용추폭포, 단양

봄빛이 따사로운 날 배론성지를 찾았다. 배론은 마을 계곡이 배 밑창을 닮았다는 데서 유래되었다고 한다. 배론은 약 240년을 이어오는 한국 천주교회 역사와 매우 밀접한 곳으로, 1800년대부터 박해를 피해 숨어들어온 신자들이 모여 형성된 교우촌이다. 교우들은 화전을 일구고 옹기를 구워 생활하며, 궁핍한 가운데에서도 신앙생활을 이어갔다.

1801년 신유박해가 일어나자, 황사영은 배론의 토굴에서 중국 북경교구장 구베아 주교에게 박해 상황과 도움을 요청하는 편지를 쓴다. 백서가 중국으로 전달되는 과정에서 편지 심부름을 맡았던 황심 토마스가 체포되고, 황사영도 곧 체포되어 1801년 11월 5일 서울 서소문 밖에서 대역부도의 죄로 능지처참 된다. 그때 쓰였던 백서 원본은 현재 로마 교황청 바티칸 민속 박물관에 보관되어 있다.

배론은 1855년부터 1866년까지 성요셉신학당이 운영되었던 곳이다. 성요셉신학당은 한국 교회 최초의 신학교이자 조선 최초의 근대신학교육 기관이었다. 하지만 아쉽게도 1866년 병인박해로 두 분의 교수 신부님과 여덟 명의 신학생이 잡혀가며 신부가 탄생하지 못하고, 신학교는 폐교되고 배론 교우촌도 무너진다.

우리나라 두 번째 사제인 최양업 토마스(1821-1861)는 1836년 12월 김대건, 최방제와 함께 신학생으로 선발되어 중국 마카오에 유학하여 신학교육을 받고, 1849년 4월 15일 중국 상해에서 사제품을 받는다. 그는 귀국 후 11년 6개월 동안 두메산골의 교우들을 사목 방문하며 고된 목자의 삶을 이어갔다. 1861년 6월 15일 경상도 전교를 마치고 서울로 올라오던 중 과로로 문경에서 선종하였고, 그해 11월 교구장 베르뇌 주교에 의해 당시 신학교가 있었던 이곳 배론에 묻히게 되었다. 우리나라 첫 번째 사제인 김대건 신부가 피의 순교자라면, 두 번째 사제인 최양업 신부는 땀의 순교자라 하겠다. 조선의 가엾은 신자들을 위해 신부님의 흘린 땀과 노고는 성인으로 모시기에 충분하다는 생각을 해 본다.

배론성지에는 배의 형상으로 지어진 최양업토마스신부기념성당, 황사영백서토굴, 성요셉신학당, 최양업 신부님의 묘소가 있다. 또 2020년에는 은총의 성모마리아 기도학교가 봉헌되었다.

마음을 비우는 연못이 있어 연못 속을 들여다보았다. 때마침 피어난 영산홍이 물속에 잠기고, 그 가운데로 예수성심상이 반영돼 지극히 아름답다. 마음을 비우고 그 자리에 예수님의 선하신 마음을 채우고 가라는 메시지로 받아들여진다.

은총의 성모마리아 기도학교는 아름다운 자연환경과 신앙 선조들의 정신이 남아 있는 배론에서 교회의 전통 안에 잠들어 있던 기도를 배우고, 또 자신만의 기도를 찾고 전념할 수 있도록 다양

배를 닮은 최양업토마스신부기념성당 측면

황사영이 숨어서 백서를 쓰던 토굴 입구

최양업 토마스 신부 동상

한 프로그램과 피정이 마련되어 있다. 피정의 집에 며칠 묵으며 기도를 배우고 또 기도에 전념해 볼 기회가 오기를 희망해 본다.

배론은 단풍 든 가을이면 더욱 아름답다.

성당 내부

마음을 비우는 연못

음성 감곡
매괴성모순례지성당(순례지)

주소: 충청북도 음성군 감곡면 성당길 10

전화: 043- 881-2808

주변 가 볼 만한 곳: 한독의약박물관, 백야자연휴양림, 철박물관

부드럽고 달콤한 복숭아는 여름철에 즐겨 먹는 과일 중의 하나다. 복숭아로 유명한 감곡에 아름다운 감곡매괴성모순례지성당(이하 감곡성당)이 있다. 감곡성당은 1896년 설립되어 역사가 100년이 넘는다. 전국에서 성직자들이 가장 많이 배출된 성당으로 손꼽히는 곳이기도 하다.

성당 입구에 들어서면 "나는 여러분을 만나기 전부터 사랑했습니다."라는 글귀와 임가밀로 신부의 동상이 한 눈에 들어온다. 맘씨 좋은 할아버지 같은 신부님이 우리를 맞아 주신다.

임가밀로 신부는 감곡성당의 초대 주임 신부다. 파리 외방전교회 소속으로 1893년 서품받은 후 바로 우리나라에 입국하여 1894년 첫 본당으로 여주 부엉골에 부임하게 된다. 부엉골은 유서 깊은 교우촌이자 신학당이 있었던 곳이지만 북쪽 끝에 위치해 사목 활동이 어려웠다. 본당 이전을 생각하던 임가밀로 신부는 장호원에 이르러 산밑에 대궐 같은 집을 보고 이곳이 본당 사목지로서 가장 적합하다는 생각을 하게 된다. 신부님은 "성모님 만일 저 대궐 같은 집과 산을 저의 소유로 주신다면 저는 당신의 비천한 종이 되겠습니다. 그리고 그 주보는 매괴 성모님이 되실 것입니다"라는 기도를 끊임없이 했다고 한다.

그때 보았던 대궐 같은 집은 명성황후의 육촌 오빠인 민응식의 집이었고 1882년 임오군란 때 명성황후가 피신 왔던 곳이었다. 성모님께 기도를 시작한 후 1년 4개월 만인 1896년 5월 성모성월에 기적처럼 그 모든 집터와 산을 매입하게 되고, 매괴성월(묵주기도성월)인 10월 7일 본당을 설립하기에 이른다. 임 신부는 처음 기도한 대로 감곡본당을 성모님께 봉헌하였고, 이곳은 감곡매괴성모성당이 된다. 본 성당은 충청북도 유형문화재 제188호로 지정되었다.

제대 중앙의 매괴 성모님은 루르드에서 제작하여 1930년 대성전 건립 당시 제대 중앙에 안치되었다. 한국전쟁 때 성당은 인민군 사령부로 이용되었고, 인민군이 성당 안에서 여러 가지 이상한 일을 겪자, 그 원인이 성모상이라 생각하고 총을 쏘았는데 7발을 맞고도 부서지지 않자 따발총을 쏘았으나 총알이 피해 갔다고 한다. 성모님을 끌어내리려고 올라갔을 때 성모님 눈에서 눈물이 흘러내려 인민군들은 성모상을 건드릴 수 없었고, 그때부터 성당에서 철수했다고 한다. 6.25 후 이 성모상은 '칠고의 어머니' 또는 '매괴의 어머니'로 불렸으며 성모상 앞에서 기도하는 많은 이들이 외적, 내적 치유를 받고 있다고 한다.

임가밀로 신부 동상

감곡매괴성모순례지성당 전경

성전과 제대

감곡성당은 매년 10월 첫 주 목요일에 '성체거동'을 거행하고 있다. 1914년부터 거행되고 있으며 한국 최초의 성체신심행사였다. 성대한 사제단의 행렬로 시작하여 미사와 성체강복으로 끝나게 된다.

성당 뒷산을 오르는 오솔길에 십자가의 길이 조성되어 있다. 기도를 바치며 산을 오르면 어느새 정상에 우뚝 솟은 십자가가 보인다. 산상 십자가 아래 할머니와 어린 손녀가 기도하는 모습이 보인다. 손녀는 고사리 같은 두 손을 모으고 예쁜 목소리로 주님의 기도를 노래하고 있었다. 천사가 따로 없다. 할머니와 아기 손녀의 간절한 소망이 무엇인지, 그 기도가 이루어지기를 바라는 나의 기도를 보탠다.

감곡성당은 바쁜 일상에서 벗어나 자연 속에서 쉬며 하느님과 만나기를 원하는 사람들을 위하여 개인 소울스테이를 운영하고 있다. 여성만 이용할 수 있으며 개인 묵상과 기도 및 산책도 가능하다.

매괴 성모님

성체 거동하는 임가밀로 신부 동상

산상 십자가

옥천성당

(근대문화유산 등록문화재 제7호)

주소: 충청북도 옥천군 옥천읍 중앙로 91
전화: 043-731-9981
주변 가 볼 만한 곳: 부소담악, 육영수 생가, 정지용 생가, 용암사

옥천(沃川)이라는 지명이 예쁘다. 옥천은 물이 옥빛으로 투명하고 산하가 아름다울 거라는 짐작을 해 보게 만드는 이름이다. 가수 이동원과 테너 박인수가 부른 "향수"라는 노래가 있다. "향수"는 가사도 아름다울뿐더러 듣는 이로 하여금 저마다의 고향을 떠올리며 향수에 젖게 하는 노래가 아닐까 싶다. 옥천은 "향수"를 지은 시인 정지용이 태어나 자란 곳이다. 정지용 시인을 기리는 문학관이 조성되어 있고, 지용제라는 행사도 열리고 있다.

초여름 파란 하늘 아래 옥천성당이 눈이 부시다. 마침 날씨도 맑고 하늘에는 흰 구름이 두둥실 떠가는 풍경에 기분이 들뜬다. 지금까지 어디에서도 볼 수 없었던 하늘빛을 닮은 옥색의 외관을 한 아름다운 옥천성당이다.

옥천성당은 충청북도 지역에 유일하게 남아있는 1950년대 성당 건축물로, 다른 성당 건축물에 큰 영향을 끼쳤으며 건축사적으로도 가치가 있는 건물이다. 옥천성당은 청주교구에서는 감곡성당에 이어 두 번째로 지어진 성당이다. 1903년 옥천공소가 설립되었고, 1906년 본당으로 승격되었으며, 1909년 옥천읍 이문동에 20평 규모의 성당이 완공되었다. 그 후 1956년 4월 24일 페티프

렌 신부가 옥천읍에서 가장 큰 건물인 100여 평의 성당을 완공하여 봉헌식을 거행하였으니 바로 지금의 옥천성당이다. 종탑에 걸려있는 종은 1955년 프랑스에서 들어온 것으로 종소리가 매우 청아하다고 한다. 1991년에는 정방형이었던 성당을 긴 십자가형으로 증축하였다. 2002년 2월 28일 옥천성당은 근대문화유산등록문화재 제7호로 등록되었다.

성당 제대 쪽의 스테인드글라스가 아름답다. 잠시 묵상하고 밖으로 나왔다. 바깥으로 나오면 성모자상이 있고, 십자가의 길이 조성되어 있다.

여름 햇살과 병꽃 사이로 십자가의 길과 성당 십자가가 엿보인다. 성당 오른쪽으로는 성녀 소화데레사상이 축복하듯 마을을 내려다보고 있다. 장미 터널 속 소화데레사상과 흰 구름과 옥색성당이 참 잘 어울린다는 생각을 해 본다.

성당 뒤편으로는 성당에서 운영하는 어린이집이 있다. 토요일이라 원아들은 없지만, 외관과 시설이 제법 큰 어린이집으로 보인다.

사진가가 찾은 한국의 아름다운 성당 50선

병꽃과 종탑

스테인드글라스

성모자상

성당에서 멀지 않은 곳에 부소담악이 있다. 호수 위에 떠 있는 병풍바위가 부소담악인데, 그 절경이 금강산을 축소해 놓은 것 같아 우암 송시열 선생이 소금강이라 이름 지어 노래했다고 전해오는 명소다. 본래 산이었으나 대청댐 준공으로 산 일부가 물에 잠겨 마치 물 위에 바위가 떠 있는 듯한 형상이 되었다. 2008년 국토해양부는 한국을 대표할 만한 아름다운 하천 100곳 중 하나로 부소담악을 선정하였다.

사진가가 찾은 한국의 아름다운 성당 50선

소화어린이집

성녀 소화데레사상

부소담악

천안
성거산성지

주소: 충청남도 천안시 입장면 위례산길 394   **전화**: 041-584-7199
주변 가 볼 만한 곳: 병천순대거리, 독립기념관, 유관순 열사 사적지, 아라리오 광장,
태조산 각원사, 화수목정원

지방도로인 천안시 입장면 위례교차로에서 꼬불꼬불한 산길을 7킬로 정도 올라가면 성당에서 100m 정도 떨어진 주차장에 도착할 수 있다. 성당 안에 들어서며 앞뒤가 훤히 뚫려 있다. 차령산맥 줄기의 해발 579m에 빼어난 경관을 자랑하고 있는 천혜의 성지다. 성당 앞면이 훤히 트여 제대를 지나 외부 바깥에 높다란 장대 위에서 굽어보시는 예수님과 저 멀리 보이는 산맥이 어우러진 모습은 어디에서도 볼 수 없는 환상적인 풍경이라 입이 벌어지고 탄성이 저절로 터진다. 아름다운 모습에 도취하여 미사 중에 분심이 들지 않을까 우려되기도 한다.

이곳은 신유박해로 충청남도 내포 지역의 교우들이 큰 타격을 받은 데 이어, 1811~1813년에도 연이어 박해가 일어나 신자들이 인근의 충청도와 경기도, 멀리는 서울과 경상도 지역으로 이주하기 시작하였다. 이 신자 중 일부는 주변 7개 지역에 교우촌을 형성하였고 그중 대표적인 곳이 성당 바로 이웃에 있는 '소학골'이다. 이 당시 최양업 신부와 다블뤼 신부 등이 이곳을 순방하기도 했다. 그러나 1866년부터 1871년 무렵까지 병인박해가 계속되어 7개 교우촌이 모두 발각되어 23명이 순교하였다.

제1줄무덤에는 병인박해 때 소학골에서 체포되어 순교한 배문호 베드로 등 4명의 순교자가 묻혀 있다. 1. 2줄무덤에는 병인박해 때 순교한 200여 분의 무명 순교자들이 묻혀 계시는데 공주에서 순교한 유해가 성거산 줄무덤에 안장되어 있다. 성거산성지는 박해 시대 형성된 교우촌이자 선교사들의 사목 중심지이며 순교자들의 묘역이다.

대형 버스는 더는 올라갈 수 없어 제2줄무덤 입구 주차장에 세워야 한다. 묵주기도를 하려면 제1주차장(제1줄무덤 입구)에서 내려 아래로 가면 1처부터 십자가의 기도를 하며 제2줄무덤까지 갈 수 있다. 울창하게 우거진 숲속에서 새소리를 들으며 묵주기도 할 때면 더 큰 은혜를 느낄 수 있으리라.

주변에는 전혀 마을과 식당이 없어 예약할 경우 성당 지하식당에서 식사할 수 있다. 성거산성지 병인박해기념성당 주변의 환경과 경치가 워낙 뛰어나 어느 계절에 와도 좋을 것 같다. 하지만 11월이 지나 눈이 오면 경사가 급하여 차량이 올라오기 곤란한 관계로 아래에 있는 소성당에서 미사를 드린다고 한다.

제대를 통해 보이는 바깥 풍경

제대 앞 바깥에 높다랗게 서 계신 예수님

성당 내부와 탁 트인 제대 앞 창문을 통해 보이는 바깥 풍경

4장 충북·충남 지역

소성당도 기념성당과 마찬가지로 큰 유리창을 통해 앞이 훤히 보이는 성당 바깥에 예수님이 높은 장대에 계시는 모습이 경이롭다.

신부님은 줄무덤과 십자가의 길과 성당 등 관리해야 할 부분이 워낙 넓은데도 깊은 산속에 있는 성당인 관계로 교무금을 내는 신자는 한 명도 없다며 어려움을 호소한다.

1998년에 성지로 지정되었으며, 순례지 주변에는 야생화가 많아 이를 감상하는 것도 또 다른 기쁨일 수 있다.

부활 대축일부터 11월까지는 산 정상에 있는 성거산성지 병인박해 기념성당에서 미사를 하고, 그 이후에는 산 아래 소성당에서 미사를 드린다. 성당에서는 피정의 집도 운영하고 있다. 피정비는 1박2일 기준 1인당 4만 원이다.

사진가가 찾은 한국의 아름다운 성당 50선

박해 시대 무명 순교자들이 묻혀 있는
제2줄 무덤

성지 아래에 있는 소성당 안에서 보이는
제대와 바깥 모습

성당 건물과 점심 식사를 하기 위해 줄을 서서 기다리는 순례객

아산
공세리성당

(충청남도 지정기념물 제144호)

주소: 충청남도 아산시 인주면 공세리성당길 10

전화: 041-533-8181

주변 가 볼 만한 곳: 외암리민속마을, 삽교호 관광지, 현충사, 은행나무길

　　　　　어느 계절에 가봐도 예쁘고 아름다운 성
당이다. 공세리는 가톨릭 신자들에게 성지순례지로 손꼽히는 성
당 중 하나이다. 봄에는 꽃잔디가 웃으며 순례객을 맞아주고, 가
을에는 단풍 든 고목들이 환상의 세계로 이끌어 준다. 아름답고도
차분한 분위기 속에서 참례하는 미사는 더없이 거룩해지고, 신자
로서의 삶을 돌아보며 반성하고 앞으로는 어떻게 살아야 할지를
곰곰이 묵상해 본다.

　나뭇잎을 다 떨군 겨울철에는 성당의 온전한 모습을 볼 수 있
다. 눈이라도 오는 날이면 눈 덮인 성당 풍경을 담기 위해 사진가
들이 몰려드는 명소이기도 하다. 어스름한 저녁에 공세리를 방문
한 적이 있었다. 성당의 은은한 불빛이 새어 나오는 가운데 단풍
진 고목 사이로 보이는 성모님은 가히 하늘을 오를 듯한 자태로
말할 수 없이 아름다웠고, 가을밤 성당을 배경으로 웨딩 촬영을
하는 신랑 신부는 행복해 보였다.

　언젠가 친구와 함께 성모상과 그 너머로 별 궤적을 담은 적이 있
었다. 카메라를 잘 다룰 줄 모르던 시절이라 다 망친 줄 알았는데,
확인해 보니 어설프나마 별 궤적 사진이 되어 있었다.

공세리성당 성모님 위로 별 궤적을 담으며 이 세상의 평화를 위하여 기도했었다.

1890년에 시작된 공세리성당은 134년의 유서 깊은 역사를 지닌 성당으로 충청남도 지정기념물 제144호다. 성당 터는 조선 시대 성종에서 중종 때까지 300년 동안 충청도에서 거두어들인 세곡을 보관하던 공물 창고가 있던 자리였다. 박해 시대 때 공세리를 포함한 내포 지방은 신앙의 요충지로서 많은 신자가 모여 신앙생활을 하다가 붙잡혀 순교하였는데, 공세리성당에는 그중 32분의 순교자가 모셔져 있다.

한국관광공사는 공세리성당을 2005년 대한민국을 대표하는 가장 아름다운 성당으로 선정하였다. 영화나 드라마의 촬영 장소로도 주목을 받고 있는데, "태극기 휘날리며" 등 70여 편이 넘는 영화나 드라마가 이곳에서 촬영되었다고 한다. 성당 주변에는 350년 이상 된 국가 보호수가 4그루나 있어 소박하지만 웅장한 아름다움을 자아내고 있다.

어릴 적 넘어지면 상처가 덧나 곪을 때가 있었다. 그때 어머니는 까만색의 고약을 불에 달구어 상처에 발라 주시며 호호 불어주셨던 기억이 난다. 고약은 고름을 빨아내는 역할을 했는데, 나뿐만 아니라 많은 사람이 '이명래 고약'을 기억할 것이다. 고약이 처음 만들어진 곳이 공세리성당이다.

공세리성당의 밤 풍경

성모상과 어설픈 별 궤적

성당 측면

1895년에 공세리성당에 부임한 에밀 드비즈 신부님은 프랑스에
서 배운 방법으로 고약을 만들어 필요한 사람들에게 무료로 나누
어 주었다. 이때 드비즈 신부님 곁에서 도움을 주던 이명래(요한)
라는 신자가 있었다. 그는 신부님으로부터 고약 제조비법을 전수
받아 고약을 제조하게 되고, '이명래 고약'이 탄생하게 된다. 그 후
'이명래 고약'은 전국에 보급하게 되었고, 온 국민이 애용하는 약
이 되었다.

고목과 성모상

성당 내부

이명래 고약 (박물관 전시품)

당진
솔뫼성지(순교사적지)

주소: 충청남도 당진시 솔뫼로 132

전화: 041-362-5021

주변 가 볼 만한 곳: 신리성지, 아미미술관, 삽교호, 왜목마을

　　　　　　여름 한복판인 중복이 지나고 폭염경보가 내린 날 솔뫼를 방문하였다. 장마철이라 시도 때도 없이 강한 비가 내려 좀처럼 외출 기회를 잡지 못하고 있다가 반짝 해가 난다는 예보가 반가워 순례에 나섰다. 당진에는 '프란치스코 교황로', '김대건 신부 탄생의 길'이라는 도로명이 있다. 신기한 마음으로 도로명을 따라가다 보니 어느새 솔뫼성지 입구다.

　솔뫼성지는 김대건 신부님 탄생지와 기억과 희망 대성전이 양쪽으로 펼쳐져 있다. 성지 도착 후에 11시 미사 참례를 위해 기억과 희망 대성전의 문을 열자, 제대 쪽 스테인드글라스에는 김대건 신부를 비롯한 성인들의 형상이 붉은빛으로 맑게 투영되고 있었다. 장마와 폭염경보로 미사 참례 신자가 많지는 않았지만, 미사를 집전하시는 보좌신부님은 발음도 명확하고, 강론 말씀이 귀에 쏙 들어와 은혜로운 미사가 되었다.

　솔뫼성지에서는 2021년 김대건 신부 탄생 200주년 희년을 맞이하여, 그분과 동료 순교자들이 남겨주신 위대한 신앙의 유산과 삶의 가치들을 이어받기 위하여, "기억과 희망" 대성전과 함께 가톨릭 예술 공간을 조성하였다.

성당 건축 디자인은 제8대 조선 대목구장이었던 뮈텔 주교의 사목 표어인 "피어라, 순교자의 꽃들아!"에서 영감을 받아 장미꽃을 형상화하여 표현하였다고 한다. 성전 한쪽에는 평생을 가톨릭 미술에 전념하였던 이춘만 작가의 작품이 전시되고 있다. 단순하고 힘 있는 선으로 표현된 조각 작품들은 성서 말씀을 묵상하고 기도하기에 딱 좋다.

이곳은 '소나무가 뫼를 이루고 있다' 하여 순우리말로 '솔뫼'라 이름 붙여진 곳으로, 한국 최초의 사제인 성 김대건 안드레아 신부의 탄생지이다. 김대건 신부의 증조할아버지 김진후 비오를 비롯해 4대에 걸친 순교자가 살았던 곳으로, 1821년 8월 21일 김대건이 태어났다. 김대건 신부는 1836년부터 최방제, 최양업과 함께 마카오에서 사제 수업을 받았으며, 1845년 상해에서 사제품을 받고 조선에 입국, 사제 생활 1년 1개월 만인 1846년 9월 16일 군문효수형으로 새남터에서 순교하였다. 1925년 7월 5일 비오 11세 교황에 의해 복자품에, 1984년 5월 6일 요한 바오로 2세 교황에 의해 가톨릭교회의 성인품에 올랐다. 김대건 신부의 삶과 업적은 유네스코에서 인정받아 전 세계인이 사랑하는 인물로, 솔뫼성지는 세계적 천주교 성지로 주목받고 있고, 생가터는 1998년 문화재 위원들의 고증과 기와 파편의 발굴을 통하여, 충청남도 문화제 제146호로 지정되었다.

솔뫼성지 입구

이춘만미술관

기억과 희망 대성전 내부

김대건 신부의 생가 앞에는 2014년 프란치스코 교황 성하께서 다녀가시면서 앉아서 기도하셨던 모습 그대로인 조각품이 있다. 생가 뒤쪽은 푸르른 솔밭이 있는데 그 사이로 십자가의 길이 조성되어 있고, 김대건 신부의 기상을 품은 동상이 우뚝 서 있다.

그곳에는 '솔뫼 이레나 광장'이 있다. 광장 주변으로는 푸른 하늘 아래 사도들의 동상이 우뚝우뚝 서 있어 유럽의 어느 곳에 와 있는 느낌이 든다. 한쪽에는 '솔뫼 성 김대건 신부 기념관'이 마련되어 그분에 관한 각종 자료를 찾아볼 수 있다. 또 '매듭을 푸시는 성모님 경당'이 있다. 경당에 앉아 잠시 묵상하다 나오니, 전대사 지정 성지라는 팻말이 보인다. 얼마 전 하늘나라로 간 대녀 벨라뎃다를 위하여 기도하였다.

너무나 습하고 더운 날이었지만, 순례와 미사를 마치고 전대사까지 받아 마음은 개운하다. 토산품 가게에서 필요한 것을 구매하고 콧노래를 부르며 차에 오르니 한차례 비가 지나간다.

사진가가 찾은 한국의 아름다운 성당 50선

생가 앞에서 기도 중인 프란치스코 교황 성하

김대건 신부상

솔뫼 이레나 광장

부여
금사리성당

(충청남도기념물 제143호)

주소: 충청남도 부여군 구룡면 성충로 1342번길 21

전화: 041-832-5355

주변 가 볼 만한 곳: 궁남지, 정림사지5층석탑, 국립부여박물관, 낙화암, 고란사

　　　　　　부여는 약 2,500년 전 청동기 시대를 대표하는 송국리 문화가 꽃피던 유서 깊은 역사의 도시다. 백제 26대 성왕은 국가 중흥의 원대한 뜻을 품고 도읍을 웅진에서 사비(부여)로 옮겼고, 그 후 123년간 고대문화를 꽃피웠던 역사 문화의 고장이다.

　유서 깊은 부여에 독특한 외형을 가진 금사리성당이 있다. 구한말 천주교가 이 지역에 들어오면서 1906년 부여군에 세워진 최초의 성당이다.

　성당 외부는 붉은 벽돌과 회색 벽돌로 장식되었고, 창문 윗부분은 둥근 곡선을 이루어 겉모습이 정교하면서도 우아하다. 특히 본당 안은 중앙에 나무 기둥을 세워 마루를 둘로 나눈 2랑식으로 구획하여 남, 여의 자리를 구분한 흔적이 남아있다. 우리나라 전통 목조 건물의 특징을 가지고 있는 초기 성당 건물 중의 하나로, 아담하면서도 고전적인 아름다움을 간직하고 있는 금사리성당은 1998년 7월 25일 충청남도기념물 제143호로 지정되었다.

　초대 주임 공베르 신부님은 이곳을 매입하여 새 성전을 건축하였고 성당 건축은 1901년 5월 착공하여 1906년 4월에 완공하게 되었다.

처음 금사리성당의 이름은 당시 홍산현이었던 행정 구역명을 따라 홍산본당 또는 쇠앙이본당으로 불렸다. 이후 1908년 사제관과 사랑채를 건축한 뒤 1913년 9월 2일 본당 설립 12년 만에 뮈텔 주교님의 집전으로 축성식을 가졌다.

1950년 한국전쟁이 발발하던 당시 인천 샬트르 성 바오로 수녀회의 지도 신부님으로 계셨던 공베르 신부님은 1950년 7월 체포되어 납북되었으며, 그해 11월 중강진 인근에서 옥사하셨다. 한국전쟁 당시 인민군은 금사리성당을 몰수해 공산당의 집합소로 사용하였다. 미군의 전투기나 폭격기 소리가 들릴 때마다 수단을 입은 신부님을 성당 지붕으로 올려보내 백기를 흔들게 해서 한국전쟁의 포화 속에서도 파괴되지 않은 채 건재할 수 있었다고 한다.

한국전쟁 당시 체포되어 순교하신 몰리마르 신부와 공베르 주교는 한국 천주교 주교회의에서 추진하고 있는 근현대 순교자 "하느님의 종 홍용호 프란치스코 보르지아 주교와 동료 80위" 시복 추진 대상자이시다. 두 분이 시복시성 되기를 바라며 기도를 바친다.

사진가가 찾은 한국의 아름다운 성당 50선

성당 내부

제대

성당 정면

금사리성당은 점점 늘어나는 신자를 수용하기 위해 1968년 새 성전을 완공하였고, 새 성전 옆으로 주보 성인인 성 프란치스코 하비에르상을 세웠으며, 앞으로는 성모 동산을 꾸며 놓았다.

성모 동산에는 금사리성당 초기에 사용하던 돌 제대가 모셔져 있는데, 돌 제대 한 쪽에 '1913년 9월 2일 민 주교 축성'이라고 쓰여 있는 글씨가 본당의 오랜 역사를 잘 말해주고 있다. 옛 사제관은 현재 사무실로 사용되고 있다.

성당 측면

돌 제대(왼쪽)와 성모 동산

새 성전

논산
강경성지성당

(국가등록문화재 제650호)

주소: 충청남도 논산시 강경읍 옥녀봉로27번지 13-3
전화: 041-745-1298
주변 가 볼 만한 곳: 근대문화골목, 강경구락부, 강경역사관, 옥녀봉, 강경포구

논산시 강경읍에는 연필을 깎아놓은 듯한 모양의 첨탑과 하얗게 지어진 강경성지성당이 있다. 젓갈로 유명한 곳이라 성당 주변은 온통 젓갈 가게다.

크리스마스가 막 지나 강경성지성당을 찾았을 때 제대는 구유로 꾸며져 성탄의 기쁨을 표현하고 있었다. 봄에 다시 방문했을 때는 꽃들이 피어나고 잔디가 푸르러져, 하얀색의 성당과 첨탑이 돋보이고 성지 전체가 화사하여 무채색의 겨울 풍경과는 사뭇 달라 보였다. 맑은 하늘을 배경으로 성당 외부 벽은 하얗고, 지붕은 핑크와 자주의 중간쯤 되는 색으로 지어져 내 마음도 환해진다.

내부로 들어서면 아치 모양의 천정과 제대의 스테인드글라스가 잘 어우러져 특별하고 아름다운 성당이라는 생각이 든다. 성당에 앉아 잠시 기도한 후 밖으로 나왔다. 성모님께 인사하고 십자가의 길을 따라가니 박물관이 보인다.

박물관은 김대건 신부가 사제서품을 받은 상해 금가항성당 모형으로 지어졌다. 박물관 내부는 김 신부 일행이 중국을 떠나 강경에 도착하는 고생스럽던 여정이 스테인드글라스로 꾸며져 있다.

성 김대건 신부는 1845년 8월 17일 중국 상해 금가항성당에서 사제서품을 받고, 그해 10월 12일 페레올 주교, 다블뤼 신부 등 일행과 함께 라파엘호를 타고 강경 황산포 부근에 도착하여 감격스러운 첫 미사를 봉헌한다, 강경에 도착한 김대건 신부는 한 달 정도 신자 구순오의 집에 머물며 성사를 집전하고 교우들을 돌본다. 그래서 강경은 한국천주교회 첫 사목지라 할 수 있을 것이다.

성당은 1961년에 첨두형 아치보로 내부를 구성하는 등 현대적 처리가 돋보이는 건축물이다. 건축에 조예가 깊은 보드뱅 신부의 설계와 감독으로 지어졌으며, 지금까지 건립 당시의 구조와 형태를 잘 유지하고 있다. 보존과 활용 여건이 양호하며, 당시의 일반적인 건축구조와 다르게 아치 형식의 프레임을 사용하여 대형 공간을 만드는 등 건축적, 종교사적 가치가 높은 것으로 평가되어 2015년 국가등록문화재 제650호로 지정되었다.

성당을 나와 금강의 황산포로 나갔다. 포구에는 큼지막한 배가 한 척 있는데, 김대건 신부 일행이 중국에서부터 강경까지 타고 온 라파엘호를 본떠 만든 모형이다.

사진가가 찾은 한국의 아름다운 성당 50선

성당 전경

금가항성당을 모델로 한 박물관

아치 형태의 성당 내부

모형 아래에는 자세한 설명문이 적혀 있어 보는 이의 이해를 돕는다. 갈대숲 사이로 자그마한 배 한 척이 지나간다. 옛적 금강에서 물고기를 잡던 배가 저런 배였을까? 젓갈로 담길 새우나 생선을 싣고 만선의 기쁨을 안은 채 황산포로 들어오는 배가 눈앞에 그려진다.

고개를 드니 논산 제7경인 옥녀봉이 보인다. 옥녀봉에는 조선시대 횃불과 연기를 피워올려 급한 소식을 전하던 봉수대가 있고, 사방이 거칠 것이 없어, 강경 읍내는 물론 금강과 평야가 파노라마처럼 펼쳐진다. 맑은 날은 멀리 익산과 부여까지 보인다고 한다.

근래에 강경성지성당과 나바위성지에 관한 교회 전승이 뒤바뀌고 있는 것 같다. 지금까지 김대건 신부 일행이 첫 발걸음을 놓은 육지가 나바위라고 알려져 왔고, 나바위성지에서는 지금도 그렇게 기록하고 있지만, 강경성지의 기록으로는 황산포 곧 강경이라고 한다. 어느 쪽이 맞는 걸까.

금강가에 있는 라파엘호 모형

강경성지성당 전면

옥녀봉의 봉수대

5장

대구·경북 지역

주교좌
계산성당 (순례지)

주소: 대구광역시 중구 서성로10(계산동2가)　　**전화:** 053-254-2300

주변 가 볼 만한 곳: 약령시장, 서문시장, 근대문화골목, 김광석 거리, 청라 언덕,
팔공산갓바위, 동화사

대구 도심 약령시장 인근에 있다. 계산성당은 서울의 약현과 명동성당 및 인천의 답동성당에 이어 우리나라에서 네 번째로 세워진 것으로 고딕 양식이 가미된 로마네스크 성당이다.

프랑스인 프와넬 신부가 설계하고 서울 명동성당 건립에 참여하였던 중국인들이 공사를 담당하여 1902년 완공하였다. 1911년에 주교좌성당이 되면서 종탑 높이를 2배로 증축하여 1918년 12월 24일 현재의 모습으로 완성되었다.

전체 성당은 화강석 기초위에 붉은 벽돌과 회색 벽돌로 쌓았는데 평면은 라틴십자형이고, 종탑부에는 8각의 높은 첨탑 2개를 대칭 구조로 세웠으며, 옆면과 양측에는 장미창으로 장식하였다. 이 장미창으로 인해 성당은 한층 화려하고 엄숙한 분위기를 풍긴다. 2개의 종탑의 종은 기증한 신자의 이름을 따서 '아우구스티노'와 '젤마나'로 명명되었다. 대구 최초의 서양식 건물이며, 현존하는 1900년대의 성당 건축물로 중요한 가치가 인정되어 1981년 대한민국 사적 제290호로 지정되었다.

계산성당 스테인드글라스는 프랑스 돌루즈의 루이 빅토르 제스

타 공방에서 만들어진 것으로 장미창 5개는 "나는 세상의 빛이다."(요한8,12)라는 예수님의 말씀처럼 예수님 그 자체를 의미하여, 성전 입구에 위치함으로써 성당에 들어서는 신자들이 하늘의 도성에 들어섬을 의미한다. 계산성당은 한국전쟁 당시 북한군에게 교구 본부가 점령당하지 않은 유일한 교구로 신자이든 아니든 피난민들이 모여들었다.

1991년 6월 성당 건립 이후 처음으로 함석으로 되어 있던 지붕을 동판으로, 목재인 바닥을 대리석으로 교체하는 대보수 공사를 1년 여 간에 걸쳐 마무리하였다. 또한 2016년에는 신자들의 정성을 모아 역사관을 건립하여 역사적인 사실을 기록 전시하고 있다. 여기에는 김수환 스테파노 추기경의 출생부터 추기경이 될 때까지 역사가 기록되어 있다. 김 추기경은 1950년 성신대학교를 졸업하고 1951년 대구 계산성당에서 사제서품을 받은 후 안동 천주교회 주임신부로 사목활동을 하셨으며, 47세 나이로 추기경에 임명되었다는 내용이 기록되어 있다.

교황 요한 바오로 2세는 한국천주교회 선교 200주년과 순교자 103위 시성식을 기념하기 위해 1984년 5월 3일부터 5월 7일까지 한국교회를 사목 방문하셨는데 기간 중 5월 5일 계산성당을 찾으셨다.

계산성당 야경   계산성당 내부

측면에서 본 계산성당과 뒤편의 매일신문 사옥

주교좌성당이라 제대 옆에 주교님이 참석하실 때 앉으실 의자가 놓여 있는 것이 특이하다. 오래된 성당답게 고풍스러운 분위기를 느낄 수 있다.

계산성당에는 '이인성 나무'라는 수령이 100년 정도 된 감나무가 있다. 대구 출신 이인성(1912~1950) 천재 화가가 1930년대에 그린 계산동성당의 배경이 된 나무 중 한 그루가 아직도 남아있어 이 나무를 "이인성 나무"라고 이름 지었다. 또한 성당 설립 당시 심어진 것으로 알려진 향나무 한 그루는 중앙정원 성모상 옆에 상시 푸르름을 유지한 채 서 있다.

계산성당은 천주교 3대 성당에 걸맞게 웅장하고 멋스러워 유명 인사들의 결혼식 장소로 많이 사용되고 있다. 1950년 12월 12일 박정희 전 대통령의 결혼식이 있었고, 당시 주례를 맡은 허억 대구시장은 "신랑 육영수 군과 신부 박정희 양은…."이라고 말해 하객들의 폭소를 터뜨렸다는 에피소드가 전해지기도 한다.

사진가가 찾은 한국의 아름다운 성당 50선

'이인성 나무'라고 이름 붙여진 감나무　　중앙 정원 성모상 뒤에 서 있는 향나무

스테인드글라스

주교좌
범어대성당

주소: 대구광역시 수성구 범어천로 90
전화: 053-790-1300
주변 가 볼 만한 곳: 김광석 거리, 달성 도동서원, 팔공산 케이블카, 대구 수목원

대구의 강남이라고 하는 수성구 범어동 야트막한 언덕에 붉은색의 황토 벽돌과 높이가 각기 다른 회색 지붕의 웅장한 성당이 우뚝 솟아 있다. 사방 어느 곳에서 보아도 전혀 다른 모습이다. 천주교 대구대교구 100주년을 기념하여 3년여의 공사 끝에 2016년 5월 22일에 봉헌되었다. 8,400평 부지에 지하 2층, 지상 4층, 규모로 1층에는 프란치스코 성당(500석)과 사무실, 회의실, 갤러리 등이 있으며, 2층에는 대성당(2,500석)과 100주년 기념관, 회합실이, 3층과 4층에는 회중석과 회합실이 있다.

성당 길이는 100m로 교구 100주년의 의미를 담았다. 대성당 앞에는 길이 100m에 이르는 큰 광장을 조성하여 신자와 주민들이 함께 어울릴 수 있도록 하였다. 멀리서 보면 광장 바닥의 붉은 벽돌과 잔디가 십자가 형태로 조성되어 있는 것을 알 수 있다.

성당 내외부에 크고 작은 스테인드글라스가 220여 점 설치되었다. 타일 벽화 180점과 500호짜리 대작 '예수'도 볼거리다. 계산성당과 함께 대구대교구의 양대 주교좌성당이다. 성당의 정식 명칭은「천주교대구대교구 100주년 기념 주교좌 범어대성당」이다.

성당은 빛과 색채 및 친환경 소재로 지어져 이용하기 편하고 단순하며, 한국적인 정체성을 지닌 조형미를 살려 은혜롭고 평화스러운 공간으로 꾸몄다. 성전 내부 양쪽으로 배치된 자주색의 의자는 마음을 차분하게 가라앉히고, 흰색으로 칠해진 벽과 천정은 조명을 받아 은은하고 장엄한 분위기를 자아내어 미사 드릴 때 집중이 잘 될 것 같은 분위기다.

건립한 지 얼마 되지 않아 성당 내외부는 산뜻한 모습이다. 성당이 위치한 곳이 언덕이라 아래가 훤히 내려다보인다. 아마 우리나라 성당중에서 가장 넓고 큰 성당이 아닌가 하는 생각이 든다.

성당의 모든 것이 웅장하면서도 장엄해 보이지만 특히 눈길을 끄는 것은 신자 중의 한 분이 기증했다는 파이프오르간이다. 대성전 제대와 뒤쪽 출입문 양옆에 설치된 그랜드 리거 오르간은 국내에서 세종문화회관 다음으로 큰 규모이며 파이프가 6천여 개에 달한다. 이탈리아 출신 바로크 음악의 대가인 '로렌조 기엘미'는 "투명한 잔향 속에서 듣는 이를 감싸주는 오르간"이라고 했으며, 이 프로젝트의 기술 자문을 맡은 '올리비에 라트리' 역시 "세계적인 수준의 아름다운 악기, 아시아 제일의 유려하고 개성적인 오르간"이라고 극찬한 바 있다.

측면에서 본 성당

대성당 성전 내부 모습

화려하게 그려진 스테인드글라스

성당에는 신자와 시민들의 기도와 일상이 공존할 수 있도록 다양한 문화시설이 갖추어져 있다. 초대주교의 이름이 붙여진 드망즈홀은 410석의 공연장으로 클래식에서 뮤지컬에 이르는 다양한 공연이 가능하다. 또한 제1, 제2 전시실이 갖추어진 드망즈갤러리에서는 다양한 전시를 통해 문화와 영성이 만나는 공간으로 자리매김하고 있다.

도로변을 따라 성당 1층에는 상가가 나란히 들어서 있다. 신자들이 미사 전후에 담소를 나누거나 볼일을 보기에 편리하겠다는 생각이 든다. 성당은 대구 부도심 중의 하나인 범어네거리 옆에 있으며, 주변은 아파트로 빼곡히 둘러싸여 있어 성당에 오는 신자들이 걸어서 다니거나 차량을 이용하더라도 불편함이 없을 것으로 보인다.

고교 시절 성당 옆 동도초등학교 사잇길로 지나다닐 때는 주변에는 농사짓는 논밭과 야산으로 이루어져 개구리가 우는 등 시내에서 멀리 떨어진 외곽이었는데 지금은 아파트촌으로 바뀌어 과거의 흔적은 어디에서도 찾을 수 없다. 한마디로 천지개벽 되었다고 해야 할 것이다.

성당에 설치된 파이프오르간

신자들이 이용하기 편리하도록 도로변 1층에 조성된 상가

안동 주교좌 목성동성당

주소: 경상북도 안동시 서동문로 145-3   **전화**: 054-858-2460
주변 가볼 만한 곳: 도산서원, 병산서원과 하회마을, 군자마을, 안동댐, 월영교,
이육사문학관 등

성당 입구로 들어가는 오르막길을 천천히 걸어가다 고개를 들어보면 웅장한 성당이 눈앞에 확 들어온다. 두 팔을 활짝 벌리고 어서 오라고 맞아주시는 예수님의 모습은 다른 성당과는 전혀 달라 따스하고 포근해 보인다.

최근에 지은 다양한 높이와 크기로 연결된 독특한 형태의 성당이다. 안동교구 주교좌 성당답게 본당은 650석이나 될 정도로 상당히 넓다. 1층은 강당이고, 2층은 교리실이며, 3층은 본당이다. 신자들의 고령화로 인해 계단 오르내리는 불편함을 해소하기 위해 지하 1층에서 3층 본당까지 연결된 엘리베이터가 설치되어 있다.

이곳은 김수환 추기경님이 사제서품을 받은 다음 처음으로 사목활동을 시작하신 성당이다. 방문한 날이 마침 8.15 성모승천대축일이라 행사 후 떡을 나누어 주었는지 복도에서 사진 촬영한다고 오갔더니 친절하게 우리에게도 한 팩을 준다. 배가 출출하던 터라 받아두었다 오가며 간식으로 맛있게 먹었다.

미사 끝난 후 성당 내부를 정리하던 자매는 사진 촬영에 방해가 될까 봐 잠시 멈추고 자리를 비켜 주는 배려를 해 주었다. 양반의 고장답게 마음 씀씀이가 감동으로 다가왔다. 산책 중이던 수녀님께 성당 사진 촬영하러 왔다고 하자 성당 내부도 열려 있으니까 자유롭게 보라 하시며 성당 뒤 성모동산에도 올라가 보라고 안내해 주셨다. 그 친절함에서 다시 한번 이곳 사람들의 따뜻한 인심을 느낄 수 있었다.

성모동산으로 올라가는 길에는 백일홍이 예쁘게 피어 있었고 길 양옆과 성모동산에는 신자들이 기도할 수 있는 십자가의 길이 잘 조성되어 있다. 높은 지대에 위치한 성당은 시내를 한눈에 내려다볼 수 있는 멋진 전망을 자랑한다. 목성동성당은 '원죄 없이 잉태되신 성모님'을 주보 성인으로 모시고 있다.

성당 관련한 이야기를 좀 더 듣고 싶어 두리번거리는데, 젊은 신부님이 미사를 마치고 나오신다. 염치 불고하고 말씀을 청하니 여기는 더우니 주차장 옆 시원한 정자로 가자고 하신다. 안동교구는 경상북도의 북부지방인 안동을 비롯하여 상주, 문경, 의성, 청송, 영양, 영주, 영덕을 담당하는데, 지역이 좁고 신자 수가 적지만 신자들이 신부님과 만날 기회가 많은 이점도 있다고 한다.

최근 어느 교구나 비슷한 상황이지만 사제 지원자가 적어 안동교구에는 100여 명의 신부 중에 보좌신부는 두 분밖에 안 계신다고 한다.

정면에서 보이는 성당 모습

성당 내부 모습

성당 주변에 아름답게 핀 백일홍

이야기에 빠져 한참 듣다 보니 점심시간이 훌쩍 지나, 신부님의 안내로 유명한 간고등어 식당을 찾아갔다. 식사하면서 해외 선교 활동이나 가톨릭 교구에 관한 이야기 등을 자세히 설명해 주어서 너무 감사했다.

안동지방의 유명한 음식인 안동 간고등어, 안동찜닭, 안동 한우, 안동국시, 안동 헛제삿밥 등은 전국적으로 알려져 있으며, 안동 소주도 유명하다. 지역을 다니다 보면 "한국 정신문화의 수도"라 는 캐치프레이즈가 곳곳에 걸려있는 것을 볼 수 있다. 도산서원을 비롯하여 병산서원, 화천서원, 묵계서원 등 수많은 서원과 하회마 을, 군자마을과 같은 선비정신이 살아있는 곳도 많아 지역에 걸맞 은 명칭이라는 것을 느끼게 된다. 도산서원, 병산서원과 봉정사는 유네스코에 세계문화유산으로 등재되었다.

위에서 내려다본 성당과 주변 모습

십자가의 길 기도처

성베네딕도회
왜관수도원성당

주소: 경상북도 칠곡군 왜관읍 관문로 61

전화: 054-970-2000

주변 가 볼 만한 곳: 구 왜관 터널, 관호산성 공원, 호국의 다리, 칠곡 호국평화기념관

정문으로 들어가면 아담하고 조그만 성당이 보인다. 명동성당과 비슷한 모습의 구 성당으로 1928년에 지어진 왜관 최초의 성당이다. 20세기 초반에 프랑스에서 온 선교사들이 붉은 벽돌을 사용하여 건축한 것이다.

1952년 7월 6일 군사분계선 이북 지역에 있던 베네딕도 덕원수도원과 중국에 있던 베네딕도 연길수도원 수도자들이 월남하여 경북 칠곡군 왜관읍에 수도원을 설립하였다. 1967년 읍내로 '왜관성당'을 더 크게 지어 이전하면서 이 건물은 '구 성당'으로 불린다.

구 성당 왼쪽의 단층 건물은 1935년에 지어져 본당 사무실로 사용되다 현재는 기념품을 판매하고 있다.

수도원 대성전은 2007년 4월 6일 갑작스러운 화재로 큰 위기를 맞았으나 국내외에서 수많은 분이 도움을 주어 건립되었다. 특히 독일, 미국, 아프리카뿐 아니라, 서울대교구 관내 성당과 대구대교구, 부산교구, 수원교구에서 도움을 주었으며, 7,000명에 달하는 은인들의 재정적 지원과 기도로 2009년 8월 31일 신 고딕 양식을 포함한 신 로마네스크 양식의 붉은 벽돌로 새 성전 봉헌식을 했다. 성당과 수도원 건물이 이어져 있어 어느 성당보다 규모가 크다.

베네딕도 성인의 제자인 '성 마오로'와 '성 플라치도'를 주보 성인으로 모신다. 대성전 중앙 오른쪽 측면 문 쪽에 성 베네딕도와 그의 여동생 스콜라스티커 이콘이 있다. 이 이콘은 서울대교구 이콘연구소장 장긍선 신부와 이콘 연구회 회원들이 그려 2013년 12월 13일 수도원에 기증했다. 위쪽 중앙에는 예수 그리스도께서 복음서를 펼쳐 들고 계시고 아래 좌우에는 베네딕도 성인과 스콜라스티커 성녀가 서 있다.

대성전 종탑 위에 설치된 십자가와 성전 지붕 위의 닭은 김형주 작가의 작품이다. 청동 베네딕도 성인상은 조각가 이춘만 크리스티나 작가의 작품으로 왜관수도원 100주년을 맞아 설치되었다.

화재로 성전과 수도원을 잃은 왜관수도원을 위해 상트 오틸리엔 연합회에 소속된 유럽과 미국 수도원에서 건립 기금을 모금하여 41음색의 파이프오르간을 기증하였다. 전체 무게는 10t이며 최대 높이는 9m나 된다. 총 2,748개의 파이프로 만들어졌으며, 완성하기까지 9,000시간이 걸렸다고 한다. 음색은 독일 후기 낭만주의 형태를 띠지만 부드럽고 섬세하여 수도원의 전례 거행에 적합하다고 한다.

대성전 내부 모습

성당 들어가는 초입에 있는 구 성당

대성전과 종탑 위에 설치된 닭

수도원 안에는 초공예실, 유리공예실, 금속공예실, 목공예실, 성물제작실과 분도출판사, 분도미디어가 있으며, 자동차로 15분 거리의 낙동강 변에는 약 3만 평 규모의 수도원 농장이 있다. 이탈리아 출신 베네딕도 성인(480-547)의 '수도규칙서'와 "기도하고 일하라"라는 모토대로 살아가는 첫 남자 수도공동체다. 따라서 모든 수도자는 한 가지 이상의 노동을 하고 있다. 수도원에서 판매하는 책과 성물과 물품은 수도자들이 직접 만든 물건이기에 다른 곳에서 판매하는 물품보다는 가격이 좀 비싸지만, 품질은 좋다고 한다.

　현재 서울과 대구, 부산, 경기도 남양주, 전남 화순과 미국 뉴저지에 분원이나 수도원이 있다. 수도원에서 피정을 원하면 개인, 소그룹(10~20명) 또는 단체(80명)로 할 수 있다.

대성전 아래에 설치된 청동 베네딕도 성인상

성베네딕도왜관수도원 대성전과 수도원 건물

(경북 유형문화재 제348호)

왜관
가실성당(순례지)

주소: 경상북도 칠곡군 왜관읍 가실1길 1　　**전화**: 054-976-1102
주변 가 볼 만한 곳: 호국의 다리, 관호산성 둘레길, 구 왜관터널, 칠곡 호국평화기념관,
왜관수도원성당

널따란 주차장에 차를 세우고 돌계단으로 올라가면 종탑이 우뚝 선 붉은 벽돌로 지어진 성당을 만난다. 칠곡군 왜관읍 가실마을에 있어 '가실성당'이라 불린다. 경상북도에서 가장 오래된 성당으로 경북유형문화재 제348호로 지정되었다. 1895년 초대 신부로 부임한 '가밀로 파이아스'신부가 다섯 칸 규모의 기와집을 본당으로 사용한 것이 시초이다.

수로를 이용하여 내륙으로 천주교를 전파하기 위해 낙동강 선착장 가까이 지었다. 이후 신자가 늘어 본당이 비좁아지자 1923년 당시 주임신부였던 '투르뇌' 신부가 현재의 자리에 성당을 새로 지었다. 명동성당 등을 설계한 '빅토르 루이 푸아넬' 신부가 맡았으며, 명동성당보다 규모가 작을 뿐 거의 비슷한 모습이다.

지하 1층 지상 1층의 신 로마네스크 양식 건물로 정면 중앙에 종탑이 있다. 성당 내부에는 중앙통로가 있고 이를 중심으로 각각 좌우에 좌석이 배치되어 있다. 성당 뒤쪽에 있는 구 사제관 역시 성당과 함께 지어졌다. 지하에는 특이하게 포도주 저장실이 있다.

한국전쟁 때는 남과 북 양측이 야전병원으로 사용하여 치열한 낙동강 전투 와중에도 피해를 보지 않았다. 낙동강 변 야트막한 언덕 주변에는 왕대나무가 강변 쪽에서 불어오는 바람막이를 해 줄 것처럼 높다란 키를 자랑한다.

창문은 독일 색유리 화가 '애기노 바이너트'의 마지막 작품으로 예수의 일생이 그려진 14개의 스테인드글라스와 2000년 대회년을 맞아 동양화가 손숙희가 그린 14처 십자가의 길이 있다. 1926년에 설치된 미사 전에 치는 안나 종과 파라핀을 채워 넣어 쓰는 성체등도 가실 성당만의 매력이다.

가실성당은 칠곡군 동명면에 있는 한티순교성지까지 45.6km의 '한티 가는 길'의 출발점이다. 바쁘게 살아가는 사람들에게 자신을 위로하고 지나온 삶을 되돌아보는 내면적 성찰을 이루는 소중한 계기와 의미를 가질 수 있는 힐링의 길이다.

오래된 성당이라 들어가는 입구의 벽돌이 조금 허물어져 있어 누군가의 손길을 기다리고 있지만 닿지 않는 것 같다. 성당 입구에는 종탑의 종을 칠 수 있도록 밧줄이 내려져 있다.

주차장 옆에는 초등학교 운동장 가에 메어 있어 타고 놀았던 쇠로 된 회전 그네가 보여 옛 추억을 되살려 주었다. 야외에서 미사를 볼 수 있도록 잔디밭이 잘 가꾸어져 있으며 제대 옆에는 성모님도 모셔져 있다.

성당의 측면

독일 화가가 그린 성당의 스테인드글라스

성당 내부

사무실로 사용하고 있는 구 사제관 앞에는 앉은뱅이 의자에 조그만 화분이 줄지어 놓여 있고, 갖가지 꽃이 탐스럽게 피어 있는 것을 보자 정겨운 시골 인심을 보는 것 같아 흐뭇하다.

사제관 뒤 산길에는 십자가의 길이 마련되어 있으며, 그 옆으로 "리버카페"라고 이름 붙여진 찻집으로 갈 수 있는 길이 있다. 성당과 카페 사이에는 왕대나무가 담장 역할을 한다. 미사를 마치고 산으로 난 오솔길을 따라 낙동강이 훤히 내려다보이는 카페에서 차를 마시며 정담을 나누는 신자들의 모습이 그려진다. 카페 뒤에는 조금만 항아리가 줄지어 있어 어릴 적 시골의 장독대가 생각난다. 저녁 시간인데도 순례객들의 발길이 끊이지 않는다.

사진가가 찾은 한국의 아름다운 성당 50선

야외에서 미사를 드릴 수 있는 잔디마당과
제대와 성모님

성당 종탑의 종을 치는 밧줄

성당 앞 언덕에 있는 낙동강이 보이는 리버카페

6장

부산·경남 지역

주교좌
남천성당

주소: 부산시 수영구 수영로427번길 15 　　**전화**: 051-623-4528

주변 가 볼 만한 곳: 해운대, 영화의 거리, 감천 문화마을, 국제시장, 광복동먹자골목,
송도해상케이블카, 해운대불루라인파크, 해동용궁사

입구에 들어가면서 보이는 삼각형의 특이한 건물 형태는 보통의 교회와는 달라 성당이라는 분위기가 전혀 느껴지지 않는다. 항구도시 부산을 상징하는 배의 돛 모양을 형상화하였다. 스테인드글라스로 장식된 45도의 경사진 측면은 하늘의 원대함과 하늘로 향하고 싶은 마음을 나타내며, 종탑은 천국의 열쇠, 벽은 대지의 광활함을 상징한다고 한다.

1992년 5월에 신축된 남천 본당은 부산교구 주교좌 성당으로 3,000여 명을 수용할 수 있는 전국 최대 규모의 성당이다. 3천3백여 평의 대지에 건평이 2천2백여 평의 규모로 지하에는 영안실과 식당이 있고 1층에는 소성당, 강당, 만남의 광장과 교리실이 있으며, 2층에 대성전이, 중층에는 성가대와 파이프오르간이 있다.

성전 안으로 들어가면 장엄하고도 엄숙한 공간감에 압도당하는 느낌과 함께 와! 하는 감탄사가 절로 터진다. 까마득히 멀리 보이는 제대에는 십자가에 못 박혀 있는 예수님이 보인다.

남천성당의 상징인 스테인드글라스는 인천가톨릭대 조형예술대학장을 지낸 조광호 신부의 작품이다.

45도의 경사진 커튼월로 길이 53m, 높이 42m, 총넓이 2,225㎡에 이르는 대작으로 유입되는 강한 빛을 완화시키고 전례 공간의 분위기를 조성하기 위해 3년에 걸쳐 만들었다. 거대한 유리 지붕 위에 삼위일체를 상징하는 세 개의 커다란 원을 중심으로 푸른 하늘의 이미지와 태초에 물이 생성되는 창조의 순간을 형상화했다. 세계에서 손꼽는 규모로 아름다운 스테인드글라스가 건물과 잘 어울린다.

도심 속에 있으면서도 주위 환경과 조화를 이루도록 대담하고 참신하게 건축한 점이 높이 평가받아 1992년에 문화부 장관으로부터 건축 부문에서 도시환경문화상을 받았다.

남천성당은 비바람을 막고 햇볕을 가리는 역할로써 전통적인 지붕의 개념을 완전히 배제하고 오히려 무한한 하늘을 향해 뚫린 창으로 변화시켜 놓았다. 각양각색의 모양과 다양한 색채의 스테인드글라스는 남천성당의 품위를 한층 더 높여주는 것이 아닌가 싶다.

성당 좌측 옆으로 돌아가면 성모 동산이 있고, 기도할 수 있는 14처가 조성되어 있다.

성모동산의 성모자상은 성모님께서 아기 예수님을 어깨 위로 높이 들고 있는 모습이 특이하다.

45도로 기울어진 성전 지붕

저 멀리 제대의 예수님과 45도로 기울어진 내부 좌측의 천정

성당 지붕에 그려진 스테인드글라스

성당 건물 전면에는 정하상 바오로 성인 상이 서 있다. 또한 카페 입구에는 하상 우물이 졸졸 흐르고 있어 목마를 때 한 모금 마시면 갈증이 확 가실 것 같다.

바로 길 건너편에는 부산 KBS한국방송이 있는 등 접근성이 좋아 신자들이나 일반 순례객들이 언제든지 들어와 기도를 드리거나 둘러보는 데 불편함이 없을 것 같다.

사진가가 찾은 한국의 아름다운 성당 50선

성모님께서 아기 예수님을 어깨 위로 높이
들고 있는 성모자상

성당 전면에 서 있는 정하상 바오로 상

성당 외부에 기도할 수 있도록 조성된 십자가의 길

울주
언양성당(순례지)

(근대문화유산 등록문화재 제103호)

주소: 울산광역시 울주군 언양읍 송대리 구교동1길-11

전화: 052-262-5312

주변 가 볼 만한 곳: 반구대암각화, 천천리 공룡 발자국 화석, 천천리 각석, 언양읍성

성당 입구 주차장에 차를 세우고 내리자 커다란 느티나무와 초록의 전나무 사이로 잿빛 벽돌로 된 하얗고 뾰쪽한 성당 십자가가 보인다. 성당 주위에는 커다란 느티나무와 아름드리 소나무와 왕대나무로 둘러싸여 있어 깊은 산 속에 들어온 것 같은 기운이 느껴진다.

성전은 고딕식 형태의 건축물로 우리나라 근대문화유산 등록문화재 제103호로 지정될 정도로 문화적인 가치를 인정받고 있다. 1928년 5월 25일 기공식을 가진 이 성당은 보드뱅 초대신부가 직접 설계하였으며, 서울 명동성당을 건축했던 중국인 기술자들에 의해 지어졌다.

성전 주변에는 근대문화유산으로 지정된 신앙유물전시관이 있다. 1936년부터 사제관으로 사용되어 오다 언양 천주교 선교 200주년을 기념하여 1990년 신앙 유물전시관으로 개관되었는데 총 696점의 신앙 및 민속유물 중 교황청에 등록된 아주 귀한 자료도 있다.

성당 마당 안쪽 옛 예수성심전교수녀회의 수련소 건물 2층 성인 유해참배실에는 김대건 안드레아 신부와 성 라우렌시오 주교, 성

야고보 신부의 유해가 모셔져 있다.

성당 뒤쪽 언덕에는 커다란 십자가에 계신 예수님이 잘 왔다고 환영하는 듯 내려보고 계신다.

길을 따라 올라가면 아름드리 울창한 소나무 숲이 나온다. 소나무와 대나무가 빼곡한 숲길은 야자나무 매트가 깔려 있어 푹신함이 느껴져 발이 편안하다. 10분쯤 올라가면 순교자 오상선의 묘가 자리 잡고 있다. 오상선은 병인박해 때 언양감옥에서 순교하였는데 1995년 5월 15일 이곳으로 이장하였으며 순례지로 지정되었다. 순교자 오상선의 묘 앞에서 기도를 드린 후 계속 올라가자 십자가의 길이 보인다.

널따란 십자가의 길에서 온 정성을 기울여 애틋하게 기도하는 신자들이 보인다. 두 손 모아 깊숙한 절을 올린 후 무릎 꿇고 바치는 형제의 기도가 간절해 보인다. 아마 이 형제의 기도가 하늘에까지 닿지 않았을까. 각 처마다 커다란 바위에 어울리는 말씀을 새겨 놓아 기도하는 사람들에게 가슴 깊이 와 닿을 것 같다.

14처 '예수님이 무덤에 묻히신 곳'에는 큰 바위가 무덤처럼 생겨 성경에 나오는 예수님의 돌무덤이 이런 것인가 하여 마음속 깊이 다가온다.

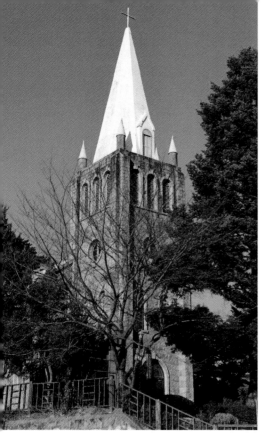

숲속에 자리 잡은 성당 전경

십자가의 길로 올라가는 오솔길

햇볕이 은은히 들어오는 성당 내부

바로 인근에 성모동굴이 있다. 성모님이 모셔져 있는 큰 바위 아래에는 물이 한 방울씩 떨어져 마실 수 있게 되어 있다. 예수님이 돌아가신 것에 대한 슬픔으로 흘리시는 성모님의 눈물 같다. 우리를 위해 내어 주신 생명수인 것 같아 한 모금 들이켰다. 오르막길을 오느라 힘들었는데 갈증이 단번에 해소된다.

올라와 보기를 참 잘했다는 생각이 든다. 500미터의 오르막길에 조성된 14처 기도를 하며 올라와도 좋지만, 그냥 등산 삼아 오더라도 절대 후회하지 않을 것 같다, 언양성당을 오신다면 꼭 성모동굴까지 올라와서 성모님이 주시는 시원한 물 한 모금 마시고 가실 것을 권한다.

사진가가 찾은 한국의 아름다운 성당 50선

기도처 올라가는 길가에 모셔진
오상선 순교자의 묘

높은 언덕에서 내려다보시며 어서 오라고
반기시는 예수님

성모동굴에서 한 방울씩 떨어지는 물을 받아 마시는 순례객

진주
문산성당

주소: 경상남도 진주시 문산읍 소문길67번길 9-4

전화: 055-761-5453

주변 가 볼 만한 곳: 진주성, 촉석루, 경상남도 수목원, 진양호, 잔치령터널

조그만 하천 길을 따라 들어가면서 '이런 곳에 성당이 있을까' 하는 생각이 들었는데 골목을 거쳐 조금 들어가자, 앞이 확 트이면서 커다란 느티나무와 함께 회색 벽면에 빨간 지붕으로 된 성전이 보인다. 성전 앞 널따란 잔디밭에 일자로 된 한옥이 다소곳이 자리 잡고 있다. 성당 오른쪽에는 나지막한 건물에 성당 사무실이 있다. 문이 열려 있어 들어가서 인사를 드리자 명찰을 정리하던 직원과 꽁지머리를 한 젊으신 신부님이 반갑게 맞아 주신다. 성당 사진을 촬영하러 왔다고 말씀드리자 자유롭게 촬영하라고 하신다. 조금 긴장하였는데 감사하다. 사진 촬영하려고 왔다고 하면 부정적인 반응을 보이는 곳이 있기도 한다.

문산성당은 서부 경남 지역 최초의 가톨릭 천주교회다. 처음에는 마산 본당에 속한 작은 공소였으나 1905년 본당으로 승격되었으며 1913년 문산 본당으로 이름이 바뀌었다. 성당 안에 있는 두 동의 본당이 대한민국 근대문화유산으로 등록문화재 제35호로 지정되었다. 한옥으로 된 옛 본당은 1923년 세워진 이래로 여러 차례 고쳐 지었으며, 다른 하나는 고딕 양식 건물로 1937년에 세워진 이후 지금까지 본당으로 사용되고 있다.

이 성당은 한옥과 고딕 양식의 본당 건물이 조화를 이루고 우리나라 성당 건물의 변화를 알 수 있다는 점에서 귀중한 자료이다. 특히 한옥으로 된 성당 건물은 남아있는 경우가 드물어 자료적 가치가 크다고 한다. 구 성전 안쪽에는 문산성당의 초대 신부님 사진부터 역대 신부님 사진이 좌우 벽면에 부착되어 있어 오래된 성당임을 알 수 있게 한다. 지금은 식당으로 활용되는 것 같다.

닫혀 있는 성전 문을 살짝 밀자 슬며시 열린다. 예수님과 십이사도의 모습이 전면에 설치되어 있다. 수녀님과 자매 한 분이 기도를 드린다. 스테인드글라스가 넘어가는 햇볕을 받아 밝게 빛난다. 사진을 촬영하고 나오려는데 기도드리던 수녀님께서 이 지역에서 탄생한 유일한 복자이신 정찬문 안토니오께서 사봉공소에 모셔져 있다면서 15분 정도면 갈 수 있다며 찾아가 보기를 권하신다. 마음 씀씀이가 감사하다.

성전 오른쪽 큰 바위 아래 조성된 성모 동산에는 자그마한 성모님이 모셔져 있고 그 오른쪽에는 나지막한 기와집을 새롭게 단장하여 만든 쉼터가 있다. 문을 열고 들어가니 탁자와 커피 추출기가 설치되어 있다. 옛날 한옥을 예쁘게 단장하고 꾸며 놓아 관광객들도 많이 찾아올 것 같은 느낌이 든다. 한옥 대청마루는 통유리로 만들어 놓고 탁자와 소파까지 비치되어 있다. 쉼터에는 "한잔 천 원입니다. 좋은 시간 되십시오"라는 문자가 적혀 있고 커피 추출기가 놓여 있어 햇볕이 드는 쪽에 마련된 탁자에 노트북을 펴놓고 자리를 잡아 커피를 마시며 여유를 가져본다.

성당으로 들어가면서 보이는 문산성당 전경

왼쪽의 성전과 오른쪽 사무실

1923년 세워진 옛 본당으로 근대문화유산 제35호로 지정

크고 웅장하고 새롭지는 않지만 오래되고 나지막하고 정감 가는 건물들로 되어 있고, 아늑하여 더 머물고 싶어 발길이 떨어지지 않는다. 신자들이나 순례객들이 찾아와 기도드린 후 둘러보면서 에너지를 충전하고 여유롭게 쉬어 갈 수 있는 좋은 곳이 아닐까 하는 생각이 든다.

수녀님 말씀을 따라 얼마 떨어지지 않은 곳에 있는 사봉공소도 둘러보았다. 온 사방이 내려다보이는 곳에 있는 공소는 본당이라고 해도 될 정도로 큰 건물이 깔끔하게 단장되어 있다.

사진가가 찾은 한국의 아름다운 성당 50선

수녀님과 자매가 기도하는 성전 내부

성전 내부의 유리화

새롭게 단장된 쉼터에는 커피를 마시며 여유를 즐길 수 있다

남해성당

주소: 경상남도 남해군 남해읍 망운로10번길 35

전화: 055-864-5773

주변 가 볼 만한 곳: 남해 전통시장, 상상양떼목장, 남해 유배 박물관, 독일마을, 다랭이논

예수님께서 성당 입구 오르막길 위에 서서 두 팔 벌려 어서 오라고 환영하신다. 마당에 들어서면 뾰족한 삼각형의 흰 지붕과 고동색의 벽이 눈에 들어온다. 삼각형은 성부와 성자와 성령의 삼위일체를 형상화한 것이라 한다. 지붕 벽면 중앙에 성모님이 십자가에 못 박혀 돌아가신 예수님을 안고 있는 형상이 보여 마음을 숙연하게 한다.

성전 오른쪽에는 종탑에 커다란 종이 매달려 있고 줄이 매여 있는 것으로 보아 필요할 때 종을 치면 은은한 종소리가 온 읍내에 퍼져 신자들이 모여들 것처럼 보인다.

돌로 둥글게 쌓아 만든 동굴 안에 성모님이 두 손 모아 기도하는 모습으로 모셔져 있다.

남해성당은 1961년 12월 28일 삼천포 본당에서 분리되어 설립되었다. 1930년을 전후하여 설립된 남해공소는 1958년 공소 재건운동을 전개하면서 본당으로 승격되었고 1961년 성당을 완공하였다. 현 성당은 1987년 9월에 성당 신축을 시작하여 1989년 1월 30일 장병화 주교의 주례로 축성식을 거행하였다.

성당의 전체 모습을 좀 더 자세히 볼 수 있을까 하여 뒷산인 봉황산으로 올라갔다. 남해 읍내가 훤히 내려다보인다. 등산로가 잘 만들어져 있고 주민들은 올라와 산책과 운동을 하며 여유를 즐긴다. 성당은 앞에서 보면 삼각형의 지붕이지만 옆이나 뒤로 돌아가 보면 뾰쪽한 삼각형의 지붕이 2개다. 고동색의 아스팔트 싱글로 지붕이 덮여 있고 벽은 붉은색이다. 높은 곳에 올라와 보니 우리나라 어디에서도 볼 수 없는 특이한 형태의 성당임을 확연히 알 수 있다. 지붕은 또 커다란 나비가 두 날개를 펴고 훨훨 날아가는 형상이다. 하늘로 높이 날아올라 읍내를 한 바퀴 돌아오는 것을 상상해 본다.

성당 내부도 삼각형의 돔 형태로 높다랗게 되어 동굴 속에 들어온 느낌이 든다. 차분히 앉아서 기도하면 하느님께 금방 전달될 것 같은 기분이 들기도 한다. 확 터진 창문으로 들어오는 자연광만으로도 충분히 내부가 훤히 밝혀진다. 흰색의 양쪽 벽면과 고동색의 신자석이 조화롭게 대비가 된다.

천정에는 달덩이처럼 커다랗고 둥근 등 8개가 달려 있다. 좌우 7개씩 만들어진 창문 스테인드글라스에 14처의 형상이 새겨져 신자들이 기도할 수 있다.

성당 입구에 두 팔 벌리고 어서 오라시는 예수님

돌로 쌓은 굴 안에 모셔진 성모님

성당 뒤 봉황산에 올라가서 본 성당 지붕 모습

성당 제대 쪽에서 보면 뚫려 있는 지붕창으로 햇볕이 들어와 훤히 밝혀준다. 남해성당은 외부의 모습 뿐 아니라 내부도 평범한 성당과는 확연히 달라 색다른 기분이 든다.

사무실이 열려 있어 문을 밀고 들어갔더니 사무장 혼자 성당 60주년 기념 책자를 만드느라 여념이 없다. 서울에서 왔다고 이야기하자 반기면서 성당에 대해 상세히 설명해 주신다. 이야기를 나누다 보니 우리 본당 주임 신부님과 군대 생활을 같이해서 잘 아는 사이라고 한다. 은퇴하고 고향에 와서 봉사하면서 평소 좋아하던 시를 쓰며 지낸다고 하는데 얼굴에는 온화한 평화가 넘쳐흐른다.

사진가가 찾은 한국의 아름다운 성당 50선

예수님의 고행이 그려진 유리화

삼각형 형태로 지어진 성전 내부 모습

종탑에 걸려있는 커다란 종

7장

전북 지역

전주
전동성당(성지)

주소: 전북특별자치도 전주시 완산구 태조로 51

전화: 063-284-3222

주변 가 볼 만한 곳: 한옥마을, 경기전, 치명자산성지, 평화의 전당, 덕진공원

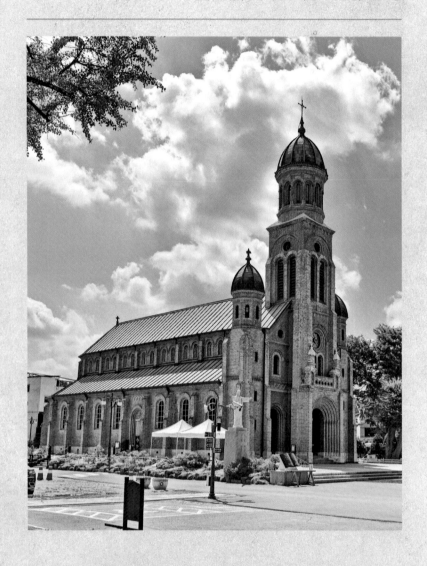

전주 한옥마을 입구에 들어서면 가장 먼저 서양식 웅장한 건물이 눈에 들어온다. 전동성당이다. 언제나 관광객과 순례객으로 붐비는 성당에는 마침 멋스러운 배롱나무에 붉은 꽃이 한창이다.

전동성당은 호남 지방에 최초로 건립된 서양식 건물로 비잔틴 양식과 로마네스크 양식을 혼합하여 지어졌다. 성당 정면 중앙에는 높이 솟아 있는 고탑과 좌우 계단탑이 있는데, 고탑 밑에는 종탑이, 종탑 밑에는 장미창이 있다. 아치와 채광창은 따뜻함과 포근한 느낌을 준다. 전동성당은 종교적 가치가 클 뿐만 아니라 문화 예술적 차원에서도 매우 귀중한 유산으로 인정받고 있다. 로마네스크 양식의 서양식 건물로 국가지정사적 제288호로 지정되어 있다.

성당 마당에 들어서면 예수성심상이 순례객을 반기고, 왼쪽으로는 은행나무 고목이 우람하게 서 있다. 맞은편에는 사제관, 교육관, 유치원 등이 있는데, 붉은 벽돌의 건물들에서 오래된 묵직함과 아름다움이 보인다.

1889년 본당 설립 후 첫 본당신부로 부임한 프랑스인 보두네 신부는, 1891년 이곳의 집과 터를 매입하여 본격적인 전주 지역 사목활동을 펼치다 1908년 성전 건립을 시작하였다. 설계는 서울 명동성당을 건축하였던 프와넬 신부가 맡았다. 성전을 짓는 과정에서 재정난을 비롯한 많은 우여곡절을 겪었지만, 1914년에 성전 외부 건축이 마무리되고 1915년 8월 24일에는 종 축성식을 가졌다.

성전의 주춧돌은 전주성의 성벽 돌이 사용되었는데, 일부 돌은 참수된 순교자들의 머리가 성벽에 매달렸을 때 피가 스며든 돌인 것으로 추정된다고 한다. 1926년에 신축된 사제관은 1937년 전주교구가 설정되면서 교구청과 주교관으로 사용되다가 1960년 교구청이 이전되면서 현재까지 사제관으로 사용되고 있다.

전동성당은 한국천주교회의 첫 순교자인 윤지충 바오로와 권상연 야고보 순교터 위에 세워진 성당으로, 대한민국 순교의 역사적인 성지이다. 성당 마당에 피어난 붉은 배롱나무꽃이 그때 흘린 순교자들의 붉은 피를 닮은 것 같아 애달프다.

사진가가 찾은 한국의 아름다운 성당 50선

예수성심상과 사제관   배롱나무꽃과 전동성당

성당 내부

금산에 살던 윤지충과 권상연은 지체 높은 양반가의 자제들로 천주교 신앙에 대해 알게 된 후, 스스로 교회 서적을 구해 읽기 시작하였다. 윤지충은 이승훈으로부터 세례를 받고, 권상연은 그로부터 천주 교리를 배워 천주교에 입교하였다. 1791년 5월 윤지충은 모친상을 당하게 된다. '교회의 가르침을 위배하는 일을 하지 말라'는 어머니의 유언에 따라 윤지충은 외종사촌인 권상연과 더불어 신주를 불사르고 유교식 제사를 거부하였다. 이는 당시의 패륜으로 받아들여져 체포령이 떨어지자 두 사람은 진산 관아에 자수함으로써 1791년 12월 8일에 전주 남문 밖에서 참수당한다.

이것이 1801년 신유박해의 도화선이 되었던 진산사건이며, 그들의 참수는 현재의 전동성당 터에서 이루어졌다. 1801년에 유항검 아우구스티노와 유관검, 윤지헌 프란치스코가 이곳에서 능지처참형으로 순교하고 이 밖에도 많은 신자가 이곳에서 순교하였다. 2021년에는 초남이성지 바우배기에서 첫 순교자 윤지충과 권상연의 유해가 230년 만에, 윤지헌의 유해가 220년 만에 발굴되었고, 지금은 전동성당 제대에 그들의 유해를 모셨다.

사진가가 찾은 한국의 아름다운 성당 50선

전동성당 야경

순교자 윤지충, 권상연과 전동성당

전동성당 제대에 모셔진 순교자 유해

(국가등록문화재 제677-1)

군산
둔율동성당

주소: 전북특별자치도 군산시 둔배미길 24   **전화:** 063-443-2461

주변 가 볼 만한 곳: 이성당 빵집, 옛 군산세관 본관, 조선은행 군산지점, 동국사, 경암철길,
신흥동 일본식 가옥

언덕 위에 서 있는 둔율동성당은 독특한 외관으로 지나는 이의 눈길을 끈다. 눈이 살짝 내린 겨울 방문에 이어, 봄기운이 완연한 4월 오후에 다시 방문하였다. 하얀 벽돌 성전은 따사로운 햇살에 빛나고, 마당의 자목련은 성당을 마주한 채 봄기운을 만끽하고 있다. 겨울에 만났던 성당과 봄에 만난 성당의 분위기는 다르지만, 아름답기는 마찬가지다.

　　성전 출입문 우측에는 십자가를 든 김대건 신부상이 서 계신다. 마침 오후의 부드러운 햇살은 신부님의 모습을 벽에 그대로 그렸다. 벽에 그려진 선명한 그림자를 보니, 한국의 첫 사제인 김대건 신부가 천신만고 끝에 고국에 들어와 신자들을 돌보다 순교하신 일이 떠올라 마음이 뭉클해진다.

　　성전 안 아치형의 스테인드글라스는 빛을 투영시키며 은은하고 아름다운 분위기를 자아내고, 고요한 성전에서 마침 묵상 중인 수녀님의 모습이 눈에 들어왔다. 쉽지 않은 성소의 길을 가시면서도 틈틈이 묵상과 기도의 시간을 갖는 수녀님들은 존경의 대상이다. 묵상 중인 수녀님께 방해되지 않도록 가만가만 애를 써 보지만 찰칵거리는 카메라 소리가 묵상을 방해하는 것 같아 죄송하다.

1899년 군산항 개항 이후로 사람들이 군산으로 모이기 시작하였다. 그 당시 세관과 은행이 있었고, 일본인도 많이 거주했다. 일제강점기에 군산은 조선의 물자를 수탈해 가는 본거지가 되었다. 군산의 근대역사 거리에는 물자 수탈 현장의 잔재들이 남아있는데 아이러니하게도 지금은 군산의 대표 관광자원으로 활용되고 있다.

천주교 박해시대에 군산 지역으로 이동해 온 신자들이 있었다. 이곳에 1882년 사옥개 공소가 설립되면서 둔율동 성당의 역사는 시작되었다. 1929년에 군산성당 초대 주임으로 김영구 신부가 부임하였고, 1930년에 교우들의 모금과 대구교구의 도움을 받아 성당부지를 매입하였다. 1941년에는 일제의 태평양전쟁 물자로 성당 종이 공출당하는 수모를 겪기도 하였으나, 1955년 8월 드디어 현재의 둔율동 성당이 축성되었다.

이로써 전라북도에 로마네스크 양식의 전동성당, 한옥 양식의 나바위성당에 이어 고딕 양식의 아름다운 둔율동성당이 완공되었다. 종탑은 고딕양식의 3층 구조이며 첨두아치형의 스테인드글라스 창문으로 이루어져 있다.

성전 내부

눈 내린 날의 성당 전경

스테인드글라스

둔율동 성당은 2017년 국가등록문화재 제677-1호로 지정되었으며 성전건축기와 건축허가서는 2020년에 국가등록문화재 제677-2호로 지정되어 보존 가치를 인정받고 있다.

경내의 박물관에는 오래전 자료들이 전시되어 있어 순례객의 이해를 돕고 있다.

성당 측면

공소 가방과 대원군 박해 때의 고서

[성 김대건 안드레아 신부 유해]

김대건 신부의 유해

익산
함열성당

주소: 전북특별자치도 익산시 함열읍 익산대로 1825

전화: 063-861-7181

주변 가 볼 만한 곳: 아가페정원, 고스락, 미륵사지, 보석박물관

햇살 좋은 오후 함열성당을 다시 찾았다. 계절이 겨울에서 봄으로 흐르니, 무채색이던 세상이 고운 색으로 갈아입어 기분을 편안하게 한다. 지난번 방문 때에는 코로나19로 성당 문이 굳게 닫혀 있어서 내부에 들어가 보지 못했다. 작은 창을 통하여 간신히 들여다볼 수밖에 없어 아쉬웠는데, 이번에는 기적 같은 일이 벌어졌다. 마침 그날 성당 내부를 수리한다고 문을 열어두었다. 사다리에 올라 성당을 수리하는 사람을 보며 문이 닫히기 전에 성당 안을 얼른 둘러보고 나오려고 서둘렀다. 그러다가 수녀님을 만났다. "사진 찍으시려고요? 제대에 불을 켜면 더 아름다워요" 하시며, 제대에 불을 켜 주신다. 성당 문이 열려 있을 때 마침 잘 왔다고 하신다. 수녀님의 따스한 말씀에 기쁨과 감동이 두 배가 된다.

함열성당은 제대 형태가 독특하고 아름답다. 성당의 주보이신 그리스도 왕이 제대 높은 곳에 있고, 감실 양쪽에 3개씩 총 여섯 개의 촛대가 있으며, 촛대 곁에는 두 천사가 양쪽을 지키고 있다.

제대 앞에는 가시관 아래 보랏빛 천이 감겨 있는 십자고상이 놓여 있어 성주간임을 알리고 있었고, 스테인드글라스는 따사로운 빛을 투영시키고 있었다.

성당 정면의 모습이 아름답다. 전주의 전동성당을 보는 듯하였
다. 성당의 정면 중앙에는 12각의 돔을 올린 종탑이 있고 양쪽으
로 비슷한 형태의 돔이 하늘을 향하고 있다.

성당 앞마당에는 커다란 십자가 아래 피에타상이 있다. 십자가
에서 내린 예수님을 안고 계신 성모님의 아픔이 느껴진다. 성당
좌측으로 사제관이 있고 반대쪽에는 언제 심었는지 커다란 벚나
무가 고목이 되어 성당을 지키고 있다.

조선 시대 신자들은 박해를 피하여 전라도까지 내려와서 모여
살게 되는데, 여기 익산 지역도 마찬가지였다. 1878년 프랑스 파
리 외방전교회 소속 블랑 신부가 이곳으로 피신을 오면서 전교가
시작되었고, 1910년 전라북도 용안군(익산시에 편입) 용안면 안대동
에 본당이 설립된다. 안대동성당은 전라도 천주교 역사에서 유서
깊은 성당이었지만, 1959년 1월에 본당을 익산군 함열읍으로 이
전하면서 함열성당으로 명칭이 변경되었다. 현재 안대동성당은
건물 골조만 남아 있다고 한다. 함열성당은 교육 사업 목적으로
1961년 함열여자중학교를 개교하였고, 1971년 한센인 정착촌인
상지원공소 건물을 준공했으며, 1994년에는 '성심어린이집'을 설
립하였다. 현재도 한쪽 마당에 함열성심어린이집이 있어 어린이
교육에 힘쓰고 있음을 알 수 있다.

가난하던 시절 성직자들은 민중을 가난에서 벗어나게 하고 싶
었다. 그러기 위해서는 교육을 통하여 계몽시키고, 더 나은 삶을

성당 내부   제대

성당 측면

스스로 개척해 나가는 능력을 향상해야 한다고 생각했다. 그래서 성직자는 성당을 지은 후에는 학교와 유치원을 지어 교육 사업에 힘써 왔다. 함열성당뿐 아니라 그 밖의 오래된 성당을 보면 늘 어린이집이 함께 있음을 볼 수 있다.

봄의 시작이다. 목련은 이미 꽃잎이 떨어지고, 마당에 있는 커다란 벚나무에 꽃이 피기 시작한다. 계절적으로는 만물이 소생하는 봄이 되었고, 전례적으로는 곧 부활절이 다가오니, 기쁨과 환희의 시간을 맞이하는 때다. 순례를 마치고 돌아서는데 수녀님은 한 어린이의 손을 잡고 성당으로 들어가시고, 성전 앞 성모상 위에는 비둘기 한 마리가 한가로이 앉아 있다. 평화로운 시간이다.

사진가가 찾은 한국의 아름다운 성당 50선

예수성심상과 성당

성모상 위에 앉은 비둘기

피에타상과 십자가

(사적 제318호)

익산
나바위성당(순교사적지)

주소: 전북특별자치도 익산시 망성면 나바위1길 146

전화: 063-861-8182

주변 가 볼 만한 곳: 보석박물관, 미륵사지, 교도소 세트장, 아가페정원, 고스락

나바위성당을 다시 찾은 건 봄기운이 완연한 날이었다. 한옥으로 지어진 아름다운 성당과 박물관을 둘러보는데, 젊은 남녀 한 쌍이 사랑스럽게 그 가운데 서 있어, 봄의 생동감이 더해진다.

나바위성지는 한국 최초의 사제인 김대건 안드레아 신부가 조선교구 3대 교구장인 페레올 주교와 다블뤼 신부 그리고 11명의 조선 교우와 함께 고국에 첫발을 내디딘 곳이다. 1845년 8월 17일 상해 김가항 성당에서 사제서품을 받은 김대건 신부는 8월 31일 라파엘호를 타고 일행과 한양을 향하여 떠났으나, 항해 도중 폭풍우를 만나 표류하다가 제주도 한경면 용수리에 닿는다. 그곳에서 배를 정비하여 다시 북상하다가 1845년 10월 12일 밤 8시경, 강경에서 조금 떨어진 황산포 나바위 화산 언저리에 닿게 된다.

이곳에 1882년 나바위공소가 설립되고 1897년에는 본당이 설정되었다. 초대 주임신부인 베르모렐 신부는 1907년 성전을 신축한다. 당시에는 목조건축으로 양쪽을 칸막이로 구분하여 남녀 신자가 따로 앉도록 하였다. 1916년 건물을 고치면서 일부분을 벽돌로 바꿨으며, 그 뒤 다시 2차례 더 수리하였다. 일제강점기 때에는 신사 참배 거부에 앞장섰으며, 6.25 전쟁 중에도 미사가 끊이지 않은 본당이었다고 한다. 정부는 한국 전통 양식과 서양 양식이 합쳐진 점에 주목하고, 성당 건물의 문화재적 가치를 인정하여 1987년 사적 제318호로 지정하였다.

처음 방문은 오래전 서울에서 기차를 이용한 성지순례였다. 강경역에 내려 금강을 따라 성당까지 도보로 갔다. 한참 후 친구들과 함께 토요일 저녁 미사에 참례하였다. 신자들과 함께하는 미사는 정겨웠고, 사제의 강론에 눈시울을 적시며 감동에 겨운 채 삼위일체대축일을 보냈었다. 미사 30분 전에는 예비종을 친다. 땡~~땡~~땡~~ 밧줄을 당겼다 놓았다 하며 직접 치는 청아한 종소리가 얼마나 듣기 좋던지. 성당 창문은 한옥에 어울리게 스테인드글라스 대신 한지로 마감되었다. 한지 사이로 스며드는 빛은 화려함은 없지만 부드러움이 아름답기만 하다.

성당 뒤쪽 화산은 산이 아름답다고 해서 우암 송시열이 붙여준 이름이라고 한다. 화산에 조성된 십자가의 길을 따라 기도하며 오솔길을 오르다 보면 정상에 이른다. 정상에 넓은 바위가 있는데 나바위라 불리었다. 초대 대구교구장이신 드망즈 주교는 해마다 화산 정상의 나바위에서 연례 피정을 하셨다고 한다.

사진가가 찾은 한국의 아름다운 성당 50선

제대

남녀 신자석이 구분된 성전

한지로 마감된 창문

피정하시는 주교님을 위해 베로모렐 신부는 1915년 정자를 지어드렸고, 드망즈 주교는 이 정자를 망금정(望錦亭)이라 이름하였다.

그 아래에는 김대건 신부 순교기념탑이 있다. 1955년에 나바위 착지 110주년, 시복 30주년, 나바위성당 건축 50주년을 기념하기 위해 건립한 기념탑이다.

순례를 마칠 즈음 서쪽 하늘이 붉게 물들기 시작하더니 장관이 펼쳐진다. 일몰에 더 아름다운 성당이라는 말이 틀리지 않는 것 같다. 일몰 직전의 부드러운 햇살이 나바위성당과 우리 일행을 포근히 감싸주는 듯하다. 화산을 내려오며 김대건 신부 동상 앞에서 그분과 같은 눈높이로 나바위성지를 바라보며, 부드러운 저녁 노을빛 속에서, 감사함을 담은 기도로 하루를 마감해 본다.

망금정

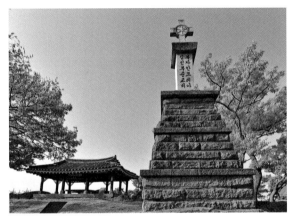

김대건 신부 순교기념탑

황혼빛을 머금은 성당

김제
수류성당

주소: 전북특별자치도 김제시 금산면 수류로 643

전화: 063-544-5652

주변 가 볼 만한 곳: 금산사, 벽골제, 아리랑문학관, 망해사

김제의 평야지대를 벗어난 백운산과 희령 산 부근에 수류성당이 있다. 1889년 전주 전동성당과 함께 전라도 지방에서 가장 먼저 설립된 유서 깊은 본당으로, 박해 시대에 숨어 지내던 신자들이 이곳으로 이주해 와 교우촌을 형성하였다.

수류본당은 1889년 초대 본당 신부 베르모렐 신부와 함께 배제(현 완주군 구이면 안덕리)에서 시작되었다. 1895년 본당을 배제 산골에서 면 소재지가 있는 수류로 이전하였고, 1907년에는 48칸의 웅대한 한국 전통 건축양식의 수류성당이 지어졌다. 같은 해 완공된 나바위성당과 유사하여 문화적 가치가 높은 것으로 알려져 있다.

당시 수류본당은 김제 부안 정읍 순창 고창 담양 장성 일대에 걸친 넓은 지역을 담당하였다. 1909년 3월에 설립한 인명학교(仁明學校)는 전북 최초의 신식 학교로 한문과 신학문을 가르쳤다. 안타깝게도 1950년 한국전쟁으로 옛 성당은 소실되고, 이 지역에서 50여 명의 신자가 순교하였다고 한다. 휴전 후 1959년 신자들이 손수 벽돌을 만들어 새 성당을 지어 현재에 이르고 있다.

수류는 지금도 마을 주민 대부분이 천주교 신자라고 한다. 130

여 년 신앙의 역사를 지켜오면서 20여 명이 넘는 성직자와 수도자를 배출한 교우촌이다. 100여 년이 넘는 기간 천주교 신앙인들의 중심이 된 사적지로, 한국전쟁 당시 호남권의 천주교 기록물을 옹기에 담아 땅속에 묻어 온전히 보존했다고 한다. 2021년 4월 2일 전라북도 문화재로 지정되었다.

수류성당은 아름다운 순례길 8, 9구간에 속해 있다. 아름다운 순례길은 전라북도의 순례길 활성화와 종교 화합을 위해 2009년 10월 선포됐다. 전주 풍남문에서 시작하여 한옥마을로 돌아오는 총 9개 코스로 약 240km의 여정이다. 가톨릭 나바위성지, 개신교 효자동교회, 불교 송광사, 원불교 익산성지를 포함한다.

영화 '보리울의 여름'이 수류성당에서 촬영되었다. 보리울의 여름은 신부님과 스님이 지도하는 두메산골 어린이 축구팀 이야기로, 영화 개봉 후 수류성당의 아름다움에 매료된 관광객들과 사진가들이 수류성당을 찾고 있다. 성당 앞 독특한 모양의 종은 6.25 때의 포탄으로 만들었다고 한다.

성당 앞의 고목은 온갖 풍상을 겪어내며 한 자리에 서 있지만, 어느 농촌처럼 젊은이들은 도시로 떠나고 수류는 노령화되었다. 그렇지만 수류성당 주변은 2009년 전라북도 김제시의 모악산 권역 종합개발 지역에 포함돼 2010년 7월 수류청소년야영장 내에 산촌체험관을 건립했다. 산촌체험관의 건립으로 수영장과 숙박 시설을 갖춘 수류청소년야영장은 청소년 수련 시설로 거듭났고,

수류성당 측면 종탑

십자가의 길과 성당

아름다운 순례길 이용자들에게도 도움이 되고 있다고 한다.

김제는 만경강과 동진강 사이에 있는 평야지대로 농업이 발달하였고, 우리나라에서 지평선을 볼 수 있는 유일한 곳이라고 한다. 벼가 황금물결을 이룰 때쯤에는 김제 특산물인 지평선 쌀을 홍보하기 위해 김제지평선축제가 열린다. 예로부터 농경이 발달되었음을 알 수 있는 벽골제는 백제 시대에 만든 저수지로 우리나라에서 최초로 쌓아서 만든 저수지라고 한다.

사진가가 찾은 한국의 아름다운 성당 50선

성모상

아름다운 순례기 8, 9구간
안내도

6·25 때 포탄으로 만든 종

아름다운 가을날의 성당

완주
삼례성당

주소: 전북특별자치도 완주군 삼례읍 삼례역로 65
전화: 063-291-3874
주변 가 볼 만한 곳: 삼례예술촌, 삼례책방, 비비정, 전주, 익산

오후 빛을 머금은 삼례성당이 아름다운 자태를 드러낸다. 황홀경에 취해 사진을 담고 있는데, 성당을 핸드폰으로 열심히 촬영하고 계신 삼례성당 수녀님을 만났다. 성당은 정면이 제일 멋있다고 알려주신다. 삼례성당의 교우는 1,300명 정도 되는데, 코로나 팬데믹으로 미사 참례 신자가 많이 줄어 현재는 300명 정도가 참례한다고 하신다. 미사 참례 신자가 준 것은 비단 삼례성당뿐만 아니라 전국의 모든 성당이 비슷한 상황을 겪고 있을 것 같다.

성당 입구가 닫혀 있어 안에 들어가지 못해 아쉬워하고 있는데, 감사하게도 수녀님께서 열쇠를 가져오셔서 문을 열어주시고 불까지 밝혀 주셨다.

늦은 오후라 스테인드글라스의 아름다운 빛을 담을 수는 없었지만, 오래된 성당에서 느낄 수 있는 아름다움이 배어 나온다. 느낌이 참 좋다. 성당 앞에는 큰 나무가 우람하게 서 있고 영산홍이 아름답게 피어 있다. 수녀님은 큰 나무가 단풍나무라고 하시며 가을에는 성당과 단풍이 어우러져 풍광이 무척 아름답다고 하신다. 빛 좋은 가을날에 다시 방문하여 미사도 참례하고, 수녀님도 뵙고 사진 촬영도 할 계획을 세워 본다. 여러 면에서 감사한 하루였다.

삼례성당은 일제강점기인 1936년 전라북도 완주군 삼례읍 지역에 익산시 창인동성당의 공소로 설립되었다. 한국전쟁 중이었던 1951년 5월 22일에 본당으로 승격되었고 현재의 건물은 한국전쟁 직후의 혼란기인 1954년에 공사를 시작했다.

1955년 8월 10일 성당 건물을 준공하여, 1955년 8월 15일 김현배 주교의 집전으로 성당 봉헌식을 했다. 건축면적은 409.2m²의 지상 1층 규모로써 주보 성인은 '성모 승천'이다. 정면 중앙에는 높은 종탑, 좌·우측에 8각 첨탑이 설치되어 있고, 종탑 아래쪽 주 출입구와 보조 출입구가 모두 아치형으로 만들어져 있는 붉은색 벽돌 건물이다. 2016년에 개봉한 독립 영화 '삼례'의 배경이 되었던 영화 촬영지다.

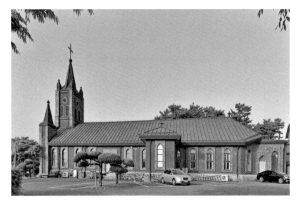

성당 측면

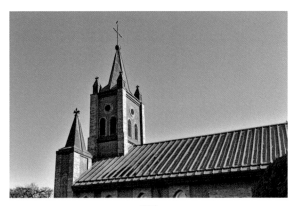

종탑

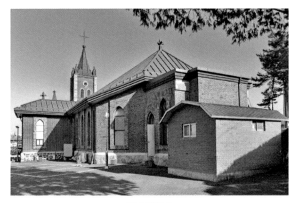

성당 뒷모습

삼례성당 옆에는 삼례예술촌이 있고 맞은편에는 삼례책방이 있다. 삼례 쪽 만경강에는 오래전 사용하던 옛 철교가 그대로 남아 있는데, 철교 위에는 폐열차를 이용한 비비정이라는 카페가 있다. 비비정에 앉아 차를 마시며 만경강에서 한가로이 놀고 있는 철새들을 바라보는 여유로움을 즐기다가, 서서히 넘어가는 해를 바라보는 것은 최고의 낭만이다. 봄에는 만경강 둑에 조성된 벚꽃길이 환상이다. 작은 도시지만 구경할 곳이 많은 곳이 아닌가 싶다. 3일과 8일에는 오일장이 열려 온갖 물품이 쏟아져 나와 볼거리가 많다.

삼례는 익산과 접해있고 만경강을 사이에 두고 전주와 마주 보고 있는 도시이다.

성당 내부

성모상

성당 한켠의 벽화

완주
되재성당지(공소)

주소: 전북특별자치도 완주군 화산면 승치로 477
전화: 063-261-6012(고산성당)
주변 가 볼 만한 곳: 아원고택, 화심순두부 본점, 고산자연휴양림, 상관 편백숲

　　　　　　연둣빛 나뭇잎들이 하늘거리는 산중에 한
옥으로 지어진 되재성당이 있다. '외딸고 높은 산 골짜구니에 살
고 싶어라~ 한 송이 꽃으로 살고 싶어라'라는 성가가 자꾸만 흥얼
거려진다. 되재성당은 두메꽃처럼 그렇게 골짜기에 있다.

　　성당 앞쪽은 기와를 얹은 높은 종탑이 세워져 있고, 오른쪽에는
예수성심상이 왼쪽으로는 성모자상이 보인다. 지난겨울에는 억
새 사이로 성모자상을 보았는데, 봄에 보니 주변이 말끔히 정리되
어 분홍빛 영산홍으로 둘러싸인 성모자가 환하게 웃고 계신다.

　　성당 뒤편 언덕에는 두 분의 프랑스 신부님 묘소가 있다. 머나
먼 이국까지 오시어 어려운 역경 속에서 전 생애를 바쳐 신자들을
돌보시다가 삶을 마치신 신부님들께 감사드리며 그들의 영혼이
하느님의 품 안에서 영원한 안식을 누리시기를 기도하였다.

　　성당은 제대 앞까지 내부가 두 칸으로 나뉘어 있다. 남녀가 유
별하던 시절 남녀 신자가 따로 앉아 미사를 참례했다. 사료에 의
하면 남자 출입문과 여자 출입문조차도 다르게 설계되어 있다고
한다.

성당 밖을 둘러보다가 밭에서 일하고 계시는 한 아주머니를 만났다. 밭일에 열중하고 계셨는지 생각지 못한 인기척에 놀라셨다. 나는 놀라게 해 드려서 죄송하다는 말씀을 드리며 이야기를 나누게 되었다. 요즘도 되재성당에서 미사를 드리느냐고 여쭈어보았다. 코로나 사태 전까지는 매주 토요일에 미사가 있었는데, 코로나 이후로는 본당인 고산성당까지 가야 한다고 말씀하신다. 마을에는 총 34가구가 사는데 대부분이 신자란다. 아주머니는 어릴 적 이곳으로 시집와 현재까지 살고 계시고 성당에 다닌 지는 47년 되셨다고 한다. 되재성당 역사의 증인이라고 할 만한 분이셨다. 다 알고 계시다는 듯 예수성심상이 빙그레 웃으시는 듯하다.

한국천주교회 박해가 시작되면서 전국 신자들의 피신처가 되었던 고산 지방에 본당이 설립된 것은 1891년이었다. 1893년 비애모 신부가 부임하였고 1894년 정월 되재에 정착하면서 성당을 착공하였다. 1895년 성당이 완공되는데, 서울 약현성당에 이은 한국천주교회의 두 번째 성당이었다. 원래 모습은 제8대 조선 교구장이었던 뮈텔주교의 일기와 사진 자료를 통해 어느 정도 확인할 수 있다고 한다. 성당 건물은 한국 가옥의 전통 양식인 팔작 기와지붕의 목조건물로 400명을 수용할 수 있었으며, 한강 이남에서의 첫 성당 건물이었다. 1896년 11월 1일, 모든 성인의 대축일에 뮈텔 주교에 의해 축성식을 했다. 그러나 안타깝게도 1950년 한국전쟁 때 성당 건물이 모두 불타 버렸고 그 자리에는 1954년에 공소 건물이 다시 세워졌다. 서양의 바실리카식 교회 건축양식을 한식 목구조로 바꿔서 받아들인 한옥 성당으로 새로운 문화가 정

앞에서 본 성당

프랑스 신부님 묘소

벽을 사이에 두고 남녀 자리가 구분되어 있다

착하는 과정을 보여주는 최초의 한옥 성당으로 추정된다고 한다. 되재성당은 우리나라에서 두 번째로 세워진 성당 건물이며 동시에 최초의 한옥 성당이었다는 점에서 의미가 있어, 2004년 7월 30일 전라북도 기념물 제119호로 지정되었다.

2023년 초겨울에 방문한 되재성당의 외경은 조금 달라져 있었다. 앞마당에 있던 성모자상이 뒤쪽으로 옮겨져 있고 한옥 건물도 한 동 세워져 있다. 어떤 용도로 사용될 건물인지 다시 방문하면 알 수 있을 것 같다.

사진가가 찾은 한국의 아름다운 성당 50선

언덕 위에서 바라본 성당 전경   제대

성당 측면

8장

광주·전남 지역

가톨릭목포성지

주소: 전라남도 목포시 노송길 35,

전화: 061-279-4650

주변 가 볼 만한 곳: 유달산, 갓바위, 케이블카, 고하도, 평화광장, 목포근대역사관

목포에 가면 꼭 들르는 곳 중 하나가 산정동 성당이다. 산정동성당은 남편 집안의 신앙 본거지였으며, 한국 레지오마리에의 발상지다. 작고하신 작은아버님은 한국 최초 레지오마리에 서기를 맡아 첫 주회를 시작하셨다는 기록과 사진을 남기셨다.

이번 목포방문에서는 목포의 명물로 자리한 케이블카를 탔다. 유달산에서 탄 케이블카는 바다를 가로지르며 고하도에 당도한다. 목포와 바다를 한눈에 담을 수 있다. 고공에서의 짜릿함과 아름다운 바다를 바라보는 눈은 두 배의 즐거움을 준다. 고하도에 내려 해안산책길 산책 후 가톨릭목포성지로 이동했다.

1898년에 목포본당이 설립되었고, 1933년에 아일랜드의 성골롬반외방선교회가 한국에 파견되어 광주교구 설정을 준비하였다. 1937년 대구 대목구로부터 지목구로 설정되어 오웬 신부가 임명되고, 교구청은 목포시 산정동 97번지로 하였다. 일제 강점기에 모 파트리치오 주임신부와 임 오웬 몬시뇰 교구장이 체포, 감금, 투옥되었으며 교구청은 일본군 사령부로 징발되었다. 한국전쟁 때에는 인민군 막사로의 징발에 저항하던 세 분의 사제가 체포되어, 대전에서 순교하였다.

광주교구 제5대 교구장인 하롤드 헨리 신부에 의해 레지오마리에가 도입되어 1953년에 한국 최초로 레지오 마리에 첫 주회가 시작되었다. 이를 기념하여 2020년 700석 규모의 성당을 새로 건립한 산정동성당은 우리나라의 첫 번째 준대성전이다. 준대성전이란 역사적, 예술적, 신앙적인 면에서 중요성을 인정받아 교황에 의해 특전이 부여되는 곳을 말한다.

가톨릭목포성지에 들어서면 순교기념비가 있고, 준대성전 입구에는 산정동성당의 간략한 역사가 부조로 조각되어 있다. 성전 제대에는 성십자가 보목이 안치되어 있으며, 성 소화 데레사와 그의 부모 마르탱 부부 성인의 유해가 모셔져, 순례자의 마음을 가다듬게 한다. 성전은 크고 높아서 웅장함이 느껴진다. 또한 성경의 장면들을 그대로 옮겨 놓은 듯한 스테인드글라스 역시 아름답다.

밖으로 나오면 예수성심상을 머리에 인 메모리얼타워가 있고, 성모칠고 묵상 길, 천사의 길, 레지오마리에 기념관과 역사박물관이 있다. 메모리얼타워의 원형 통로를 내려가면 가톨릭역사박물관으로 갈 수 있는데, 2017년 구교구청 건물을 역사박물관으로 꾸미며 광주대교구의 역사와 한국 레지오마리에의 역사를 한눈에 볼 수 있도록 하였다.

준대성전 내부   스테인드글라스(아담과 하와)

가톨릭목포성지 전경(준대성전, 박물관, 레지오마리애기념관)

먹거리 볼거리가 풍부한 목포에 가면 가톨릭목포성지에도 꼭 들러보길 추천한다. 성지에 올라 목포시 전경도 내려다보고 신앙도 다지면 좋겠고, 아울러 목포근대역사문화공간과 오래된 성당인 경동성당과 북교동성당을 함께 찾아보면 더 풍성한 여행이 될 것이다.

메모리얼타워

레지오마리애 첫 주회 모습

목포 시내

나주성당
(나주순교자기념성당, 순교사적지)

주소: 전라남도 나주시 박정길 3　　**전화**: 061-334-2123

주변 가 볼 만한 곳: 전남산림자원연구소, 불회사, 영산포 등대, 죽전 골목, 영산나루 카페, 나주곰탕, 홍어 거리

흐드러지게 피었던 벚꽃이 바람 따라 꽃비가 되어 흩날리던 때였다. 영산강 강가에 유채꽃의 노랑 물결이 넘실대던 날, 영산강 나룻배도 타고, 주변을 관광하다 한옥 고택에서 1박을 하고, 다음날 이른 아침에 나주성당을 찾았다.

연분홍 벚꽃으로 둘러싸인 아이보리빛 성당은 부드러운 아침 햇살을 받아 눈부시게 아름다웠다. 벚꽃 사이에서 아기 예수님을 안고 계신 묵주기도의 성모상도 눈에 들어온다.

때는 예수님의 수난을 기억하는 성주간이었다. 우리 일행은 성당 주변으로 조성된 십자가의 길을 따라 기도를 바치며 언덕을 올랐다. 바람이 불 때마다 우수수 꽃비가 날리는 십자가의 길 풍경은 우리가 바치는 기도만큼 아름다웠다.

길을 따라 오르면 순교자 묘가 있고, 언덕 위에는 현 하롤드 대주교기념관이 있다. 초대 본당신부였던 현 하롤드 대주교는 한국에 레지오마리애를 처음 도입하셨고, 광주교구장 및 초대 제주교구장을 역임하셨다.

십자가의 길을 마치고 순교자기념경당에 들어갔다. 이 경당은 네 분의 순교자를 현양하는 곳으로 2004년 5월에 봉헌되었다.

경당 내부는 어둠의 공간(수난, 고통)과 빛의 공간(부활, 생명)으로 되어 있으며, 경당 외부는 예수님의 빈 무덤을 형상화하였다고 한다. 경당에 들어가 신앙을 지키기 위해 기꺼이 순교를 마다하지 않았던 순교자들의 용기와 신앙을 기억하며 기도하였다.

성당 내부를 보고 싶었지만 이른 아침이라 그런지 성당 문이 잠겨 있어 들어가지 못해 못내 아쉬웠다. 또 까리따스수녀회 한국 첫 본원이 그곳에 있었지만 역시 관람하지 못해 아쉬움을 더했다.

나주성당은 광주대교구 소속으로 나주순교자기념성당으로도 불리며, 1935년 골롬반외방전교회가 건립한 성당이다. 89년의 역사를 간직한 성당은 큰 나무숲으로 우거져 있다. 이곳에는 천주교 박해시대에 나주에서 순교한 네 사람의 위대한 신앙을 기리는 경당이 있다. 1839년 기해박해 때 이춘화(베드로)는 고문을 받고 읍내 감옥에서 33세에 순교하였고, 병인대박해 기간 중인 1872년에 강영원(바오로), 유치성(안드레아)은 나주 무학당(조선군 군사 훈련장) 앞에서 석침과 백지사형으로 순교하였고, 유문보(바오로)는 중병에 걸려 옥사하였다. 이들은 모두 선대부터 신앙을 지켜온 사람들로 신심이 매우 깊었다고 한다. 그들은 혹독한 형벌에도 굴하지 않고 끝까지 신앙을 지켰다. 2004년 5월 5일 설립 70주년을 맞아 기념

성당 종

성모자상

현 하롤드대주교기념관

사업으로 나주순교자기념경당 건립과 초대 본당 신부였던 고 현 하롤드 대주교의 기념관 그리고 까리따스수녀회의 한국 첫 본원의 복원작업이 이루어졌다. 나주성당은 2022년 6월 29일 나주시 향토문화유산 제56호로 지정되었다.

순교자기념경당 입구

순교자기념경당 내부

벚나무 사이로 보이는 나주성당

고흥
소록도 아기사슴성당

주소: 전라남도 고흥군 도양읍 소록선창길 55

전화: 061-844-0528

주변 가 볼 만한 곳: 녹동항, 거금도, 거금대교, 오천항

고흥반도의 끝자락인 녹동항 부둣가에 서면 600m 전방에 작은 사슴처럼 아름다운 섬 소록도가 보인다. 섬의 모양이 어린 사슴과 비슷하다고 하여 소록도라고 불린다. 섬이라지만 2009년 소록대교가 완공되어, 녹동항에서 소록도까지 차로 이동할 수 있다. 차를 타고 달리면 소록도, 거금도를 거쳐 오천항까지 갈 수 있다.

소록도 아기사슴성당은 고즈넉한 해안가에 다소곳한 모습으로 서 있다. 외관은 밝고 아름답다. 성당 안의 제대는 돌으로 되어 있는데, 천정의 스테인드글라스가 또한 아름답다. 감실을 지키고 있는 두 천사를 보니 성경 속의 지성소를 보는 듯하다. 두 천사는 지성소의 계약궤를 지키고 있는 두 커룹처럼 보이고, 창으로 투영되는 스테인드글라스의 색 그림자가 무척이나 아름답다.

밖으로 나가면 묵주기도 길과 십자가의 길이 기도하기 좋도록 꾸며져 있다. 십자가의 길은 '중독자를 위한 십자가의 길'이라는 팻말이 붙여져 있다. 여러 가지 중독으로 고통받는 사람들이 중독에서 헤어 나와 새 삶을 살아가기를 기도한다.

십자고상이 있는 작은 집이 보인다. 이 대형 십자고상은 1984년 성 요한 바오로 2세 교황 성하께서 다녀가시며 선물로 주셨다고 한다.

소록도는 한센병 환자를 위한 국립소록도병원이 들어서 있는 섬으로 유명하다. 과거 한센병 환자들의 애환이 깃들어 있는 섬이지만, 현재는 700여 명의 환자가 애환을 딛고 사랑과 희망을 가꾸고 있다.

국립소록도병원은 1916년 설립된 소록도 자혜의원에서 시작되는데, 이 병원은 당시 조선 내의 유일한 한센병 전문의원이었다. 중앙공원 입구에는 일제강점기에 원장이 이곳에 수용된 한센병 환자들을 불법감금하고, 출소 날에는 예외 없이 강제로 정관수술을 시행했던 감금실과 검시실이 있다. 생활자료관에는 소록도병원의 역사와 환자들의 생활상을 보여주는 갖가지 자료가 전시되어 있다.

소록도 중앙공원에는 일본식 정원이 조성되어 있다. 1936년 12월부터 3년 4개월 동안 연인원 6만여 명의 환자들이 강제 동원되어 19,834.8m²(6천 평) 규모로 조성되었다. 공원 곳곳에는 환자들의 아픔을 간직한 역사기념물이 보존되어 있다. 정원은 아름다웠지만, 마음이 아픈 곳이었다.

제대

스테인드글라스의 아름다운 모습

중독자를 위한 십자가의 길

소록도 해변에 서 있는 한 그루의 나무가 그리움을 품고 육지를 바라보는 사람처럼 보였다. 한센병에 걸린 자신이 얼마나 한스럽고, 헤어져 있는 가족이 얼마나 그리웠을까. 학생 때 배웠던 한하운 시인의 보리피리, '전라도길(가도 가도 붉은 황톳길)'이라는 시가 떠오른다. 한 맺힌 그의 삶을 시어에 담아 표현함으로써, 한센병이라는 육체적, 정신적 고통을 아름다운 서정으로 극복한 작품이다.

1962년과 1966년 오스트리아의 그리스도왕 시녀회 소속의 마리안느와 마가렛이라는 두 명의 간호사가 이곳에 자원봉사를 오게 된다. 파란 눈의 두 천사는 온 청춘을 바쳐 소록도의 한센인들을 치료하고 봉사하다가 아무도 모르게 2005년 본국으로 돌아간다. 대장암을 앓던 마리안느와 마가렛은 짐이 되고 싶지 않아 본국으로 간다는 내용의 편지를 써놓고 떠났다. 43년간 소록도의 어머니로서의 봉사한 두 분을 기리며 녹동항에는 마리안느와 마가렛 기념공원과 연수원이 세워졌다.

사진가가 찾은 한국의 아름다운 성당 50선

성 요한 바오로 2세 교황 성하께서 선물로 주셨다는 십자고상

감금실과 검시실

육지가 보이는 해변의 한 그루 나무

9장

제주 지역

제주
용수성지(성김대건신부 표착기념성당)

주소: 제주특별자치도 제주시 한경면 용수1길 108   **전화**: 064-772-1252

주변 가 볼 만한 곳: 차귀도, 신창풍차해안도로, 환상숲곶자왈공원, 수월봉지질공원, 생각하는 정원, 방림원

한경해안로를 기분 좋게 자동차로 달리다 보면 멀리 차귀도가 보이는 듯하더니 조그만 항구인 용수포구에 닿는다. 바다는 깊이에 따라 색깔이 다르다. 방파제 안쪽 요트정박장에는 요트와 함께 오징어 배들이 집어등을 달고 밤이 오기만을 기다리고 있다.

바로 건너편에 뾰쪽한 탑 위에 십자가가 보이는 성김대건신부 표착기념성당과 김대건 신부님이 중국에서 타고 오신 배 모양을 본뜬 기념관이 나란히 눈앞에 보인다. 성지 입구에는 김대건 신부님이 높은 단위에 서서 반긴다.

한국인 최초로 1845년 8월 17일 상해 김가항성당에서 사제서품을 받은 김대건 신부님이 1845년 8월 31일 페레올 주교와 다블뤼 신부 및 조선 신자 등 일행 13명과 함께 라파엘호를 타고 한양을 향해 귀국하던 중 큰 폭풍우를 만나 표류하다가 9월 28일 이곳 용수리 해안에 닿았다.

김대건 신부 일행은 죽음에서 구해주신 것에 감사하며 이곳에서 비밀리에 미사를 봉헌한 뒤 배를 수리하여 한강 마포나루를 향해 다시 북상하다 10월 12일 금강 하구의 나바위로 올라가 복음

선포에 전념하였다.

당시 조선의 대외 강경책으로 인해 서울 주변의 경계가 강화되고 강에 들어오는 모든 배를 세밀하게 조사하고 있다는 점을 고려해 보면, 그들의 표류는 오히려 하느님의 섭리라고 할 것이다.

이에 천주교 제주교구는 1999년 용수리 해안을 성지로 선포하고 제주 지역에서 열린 한국인 최초 신부의 미사와 성체성사를 기념하고 김대건 신부의 순교 정신을 오랫동안 새겨두기 위해 용수리 해안에 성김대건신부 제주표착기념성당과 기념관을 세웠다.

또한, 전문가의 고증을 거쳐 중국을 오갈 때 이용한 '라파엘호'를 복원하여 전시하고 있다. 김대건 신부가 항해 중에 간직했던 '기적의 성모 상본'을 바탕으로 제작된 성모상이 지금도 그 곁을 지키고 있다.

성당 외부 벽면은 흰색이 칠해져 있으며, 지붕에는 등대 모양의 기둥 위에 십자가가 세워져 있다. 성당 내부는 양쪽으로 신자석이 놓여 있으며, 스테인드글라스를 통해 들어오는 햇볕이 성당의 분위기를 온화하게 밝혀 준다.

기념관 1층에는 조선 시대 순교자들이 형벌을 받을 때 사용했던 칼, 방망이, 형틀 등 고문 형구들이 전시되어 있고, 2층에는 김대건 신부의 흉상과 복제한 턱뼈, 마지막 옥중 서신, 주요 활동 연

김대건 신부 일행이 중국에서 타고 온
선박을 복원한 라파엘호

성당 입구에 서 있는 김대건 신부 동상

라파엘호 모형처럼 지은 기념관

표, 유해 보존 현황과 라파엘호 제작 과정 등이 전시되어 있다.

성당 마당에는 잔디밭이 넓게 펼쳐져 있으며, 그 옆 유채밭에는 꽃이 활짝 피어 있고 앞바다에는 차귀도가 평화롭게 떠 있다. 가슴이 확 트인다. 성당에는 단체로 성지순례를 온 신자들이 해설사의 설명을 들으면서 그 당시의 순교 정신을 되새기는 한편 마음속으로 각오를 다지는 모습이 역력한 것처럼 보인다.

한경해안로를 달려오다 보면 바닷가에 김대건 신부의 동상과 기도를 할 수 있는 14처가 마련되어 있으며, 주변 해안 난간의 큰 돌이 무지개색으로 칠해진 해안길을 볼 수 있다.

사진가가 찾은 한국의 아름다운 성당 50선

기념성당 내부 모습

기념관 1층에 전시된 순교자들에게 형벌을 가할 때 사용한 각종 형구

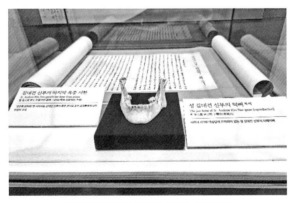

기념관에 전시된 김대건 신부의 아래턱뼈

서귀포
성산포성당

주소: 제주특별자치도 서귀포시 성산읍 고성오조로 120　　**전화**: 064-782-0500
주변 가 볼 만한 곳: 성상일출봉, 우도, 우도유람선, 종달리해변도로, 아쿠아플라넷,
오조포구

성당 입구에 들어서면 주황색 지붕으로
되어 있는 성당의 모습은 바닷가에 있는 아름다운 전원주택을 연
상하게 한다. 잔디밭 마당에 들어서면 제일 먼저 "고맙습니다. 서
로 사랑하세요"라는 김수환 추기경님의 말씀이 새겨진 돌이 눈에
들어온다.

고개를 조금만 돌리면 눈앞에 성산일출봉이 확 들어온다. 가슴
이 탁 트일 정도로 환상적인 풍경이다. 가까이서 보는 일출봉보다
적당한 거리에서 보는 경치가 훨씬 운치가 있다. 넓은 잔디밭과
갈대숲을 지나면 성산일출봉이 손에 잡힐 듯 다가온다. 성산일출
봉만 훤히 보이는 것보다 갈대와 소나무 숲을 지나 보이는 일출봉
이 훨씬 멋있다.

기도처 중간 벤치에 앉아 일출봉을 바라보고 있으면 모든 근심
걱정이 사라질 것 같다. 매괴동산 갈대숲 사이로 난 수로를 따라
바닷물이 성당 마당까지 깊숙이 들어와 있으며, 주변을 돌아가며
기도할 수 있는 십자가의 길이 마련되어 있다. 이미 몇 번이나 들
렀지만 올 때마다 오기를 잘했다는 생각이 든다. 아마 우리나라
성당중에서 주변 풍경이 가장 아름다운 성당이 아닌가 한다. 이런
멋진 모습의 성산일출봉을 감상할 수 있다는 것을 안다면 이를 구

경하기 위해 오는 관광객도 더 많지 않을까 하는 생각이 든다.

기도처 입구 바위에 높다랗게 세워진 십자가에 인간을 대신하여 매달려 있는 예수님의 형상을 보면 회개하지 않고는 견디지 못할 것 같다.

성당 안 갈대숲에는 황새 한 마리가 꼼짝하지 않은 채 물고기가 튀어 오르기를 언제까지나 기다리는 모습을 보고 참 끈기가 대단하구나 하는 생각이 들기도 했다. 사람이 저렇게 끈질기게 한 가지에만 집중하면 못 이룰 것이 없을 것 같다는 생각이 스친다. 고기 잡는 모습을 보고 싶어 한참 동안 기다렸지만, 일정상 더는 기다릴 수 없어 자리를 떠나왔다. 그 황새는 기어이 고기를 잡았지 않았을까.

마침 미사를 마치고 성당 안을 정리한 후 불을 끄고 나오시는 수녀님께 사진을 좀 촬영해도 좋으냐고 여쭤보자 다시 불을 켜 주시면서 마음껏 촬영하라고 하셔서 얼마나 고맙던지. 나지막하면서 둥그런 천장은 포근하게 감싸주시는 성모님 품속 같아 기도하면 곧 응답할 것 같은 분위기다.

성당 마당과 갈대밭 건너다보이는 성산일출봉   기도처 입구 바위에 높다랗게 세워진
십자가에 매달린 예수님

기도처 중간 앉아 있는 순례객과 멀리 보이는 성산일출봉

성산포 성당은 1955년에 성산포 공소로 설립된 이후 1973년 본당으로 승격되었다. 주황색 기와가 씌워진 본당은 제주도 바람 때문인지 나지막하게 자리 잡았다. 본당 맞은편에는 교육관과 유치원이 있다.

지난해 여름에 방문했을 때는 심한 비바람으로 성당 입구에 서 있는 키 큰 야자나무가 부러질 정도로 휘청거려 사진도 제대로 촬영하지 못하고 돌아왔는데 오늘은 그 시간을 보상이라도 해 주는 듯 날씨가 너무나 화창하다.

성당 교우들이 바자회를 하는 날이라 성당 잔디밭에는 옷이나 책 등 생활용품이 전시되어 있다. 아내는 마침 사려고 했던 원피스를 저렴한 가격으로 사는 행운을 얻었다며 기분 좋아한다.

본당 맞은편에 자리 잡은 교육관과 유치원   나지막한 천장과 온화한 분위기의 성전 내부

성산일출봉을 바라보고 계시는 성모님과 천사

서귀포
표선성당

(제주특별자치도 건축문화 대상 수상)

주소: 제주특별자치도 서귀포시 표선면 표선 동서로 169
전화: 064-787-0173
주변 가 볼 만한 곳: 제주민속촌, 성산일출봉, 제주 허브동산, 세화항, 제주조랑말타운

비탈진 언덕길을 조금 올라 성당 입구에 들어서면 제주도의 화산석을 가공하여 지은 회색의 성당과 우측으로는 사무실과 사제관, 수녀원, 교육관, 장례식장으로 사용하는 2층 건물이 눈에 들어온다. 성당 건물뿐 아니라 걸어 다니는 바닥도 화산석으로 되어 있어 성당에 들어서면 마음이 차분해지는 것이 느껴진다.

건물 형태는 기존에 보아왔던 성당과는 전혀 다른 모습이다. 전면은 둥근 모습이나 성당 뒷부분으로 돌아가면 성체를 1/4로 쪼갠 모양이라고 한다. 본당으로 들어가는 입구가 매우 밝다 했더니 천정이 원형으로 뚫려 있고 그곳에 십자 모양으로 만든 유리창이 들어가 있다.

사무실에 들러 성당 사진을 촬영하러 왔다고 하자 성당 안으로 안내해 전등을 켜 주면서 마음껏 촬영하고 나갈 때 소등 방법을 알려주고 가신다. 얼마나 감사하던지.

성당 안은 제대를 중심으로 부채꼴 모형으로 신자석이 배치되어 있어 제병을 1/4로 쪼갠 것이라는 것을 쉽게 알 수 있다. 제대에도 하늘로 뚫려 있어 햇볕이 들어온다.

내부가 그리 크지는 않지만 아담하고 포근한 느낌이 들어 미사 드리는 신자들의 마음을 차분하게 잡아줄 것 같다. 십자가에 매달려 있는 예수님 성상도 고통스러운 모습이 아니라 인자하고 평화스러운 모습이라 미사를 드리거나 성당을 방문한 사람들이 마음에 위안이 되지 않을까 한다.

성당 주위에 있는 큰 소나무는 전지한 지 얼마 되지 않아 사람의 머리를 깔끔하게 깎은 것처럼 전체적인 분위기가 산뜻하다. 지난 여름에 울창했던 것에 비하면 잘 다듬어졌다는 것이 확연히 느껴진다.

성당 입구 왼쪽에는 돌로 쌓은 굴 안에 하얀색의 성모님이 모셔져 있고, 오른쪽에는 현무암으로 쌓은 돌 위에 종탑이 세워져 있는데 형태로 보아 상당히 오래된 것 같은 느낌이 든다.

정원이 깔끔하게 잘 가꾸어져 있고 군데군데 의자가 놓여 있어 신자나 순례객들도 앉아 쉬면서 묵상을 하거나 아름다운 성당을 관람하는 것도 좋지 않을까 하는 생각이 든다.

사진가가 찾은 한국의 아름다운 성당 50선

사무실과 사제관 건물

성전 입구

성당 내부

2011년 지어진 이 성당은 제주특별자치도 건축문화 대상 공모에서 창의성과 예술성이 인정되어 선정된 건물이다.

표선성당은 복음이 전래된 시기는 정확히 알 수 없으며, 문헌상으로는 1964년 한 신자의 집에 모여 첫 미사를 집전함으로써 공소가 설립되었으며, 1967년에 경당을 건립하였고 1997년에 본당으로 승격되었다. 고사리 판매 등 신자들의 노력으로 2011년 5월에 현재의 성전을 봉헌하였다고 한다.

사진가가 찾은 한국의 아름다운 성당 50선

십자가에 매달려 있는 예수님   종탑

굴 안에 모셔진 성모님

서귀포
마라도경당

주소: 제주특별자치도 서귀포시 대정읍 마라도 153

전화: 070-4210-3200

주변 가 볼 만한 곳: 형제섬, 가파도, 산방산, 오설록, 중문단지, 대포주상절리

마라도경당 전경

국토 최남단인 마라도 선착장에서 내려 바닷가를 따라 20분 정도 올라가면 아이보리색으로 된 뾰쪽한 지붕에 십자가가 보인다. 성당 조금 못 가서 대한민국 최남단 표지석이 있는 것으로 보아 여기가 대한민국의 제일 끝이라는 것을 실감한다.

귀엽고 앙증맞은 이 성당은 '마라도 뽀르지웅꿀라(작은 몫)'라고 불린다. '꼰벤뚜알 프란치스코 수도회'와 부산교구 대연동성당 신자들의 봉헌으로 2000년 대희년에 완공되었으며, 2006년 수도회에서 제주교구에 헌정하여 현재는 모슬포성당 소속이다. 마라도 주민 50여 명 중 신자 수가 7명이며 관리인 한 분이 상주하고 계신다.

성전은 마라도 특산물인 전복 모양의 자주색 지붕에, 예수님 십자가 오상을 상징하는 빛 5개가 둥근 유리 천정을 통해 내려오도록 설계되어 있어 제대를 비롯하여 내부까지 빛이 들어와 훤하다.

경당 앞에 서서 저 멀리 끝없이 펼쳐진 바다를 바라보고 있으며 가슴이 확 트인다. 시원한 바닷바람을 맞으면 모든 시름이 날아가 버릴 것만 같다. 이곳에서 하룻밤 묵으며 기도할 수만 있으면 얼마나 좋을까 하는 상상을 해본다.

'어쩌면 이런 멋진 곳에 터전을 잡아 성당을 지었을까?' 감탄하지 않을 수 없다. 아마 마음이 우울하거나 차분하게 가라앉혀야 할 일이 있을 때 방문하여 기도드린다면 속 시원히 해결되지 않을까 한다.

사진가가 찾은 한국의 아름다운 성당 50선

위에서 내려다본 마라도경당   마라도 최남단 표지석

마라도경당 앞에 서 계시는 성모님

성당은 축성을 받았으나 사제가 상주할 수 없어 경당이라고 한다(참고로 천주교 건물의 등급은 성당 > 경당 > 공소로 분류됨). 정기적인 미사는 없지만, 신부님을 모시고 예약을 하면 미사드릴 수 있도록 준비해 준다고 한다. 배 운항 시간에 맞춰 개방되어 있어 누구든지 들어와 기도할 수 있다. 신자뿐 아니라 관광객도 들어와 기도하거나 둘러보고 가기도 한다.

성당이 자그마하지만, 제대 앞에 무릎 꿇고 앉아 있으면 기도가 절로 나온다. 워낙 예쁘고 특이하게 지어져 있어 경당을 배경으로 사진 촬영을 많이 한다. 멋진 곳을 여행할 수 있도록 시간과 건강을 허락해 주셔서 감사하고, 여행을 마치고 집으로 돌아갈 때까지 예수님께서 함께해 달라고 기도드렸다.

마라도경당의 지킴이 개

경당에서 기도드리는 순례객

성당 내부의 아담한 모습

에필로그

한국의 아름다운 성당 50선 책 발간을 계획하고 어느덧 3년이 흘렀습니다. 2022년 2월부터 본격적으로 성당 촬영을 시작하였습니다. 이미 선정된 성당만이 아니라, 선정에서 빠졌지만, 또 다른 아름다운 성당이 있을 수 있기에 전국 성당을 찾아다녔습니다. 실제로 100년이 넘은 성당이나 공소를 만나기도 했습니다. 박해를 피해 깊은 산골에 들어가 교우촌을 이루며 생활했던, 신앙 선조들의 모습을 그리며 뭉클한 마음으로 기도를 드리곤 했습니다.

때로는 혼자서, 때로는 남편과 함께 여행이 되기도 하고 성지순례가 되기도 했습니다. 사계절을 다 담아보자는 생각이었지만, 거리가 멀다 보니 실행하기는 쉽지 않았습니다. 그래도 몇 번씩 방문한 성당도 꽤 됩니다. 촬영을 시작할 때는 코로나 팬데믹 시절이었습니다. 거리 제한뿐만 아니라, 타지에서 온 외부인을 반기지 않던 때라, 아쉽게도 성당 내부에 들어가 보지 못한 성당도 있습니다. 계절이 바뀌어 재차 방문했을 때도 끝내 내부를 보지 못해

서운한 적도 여러 번입니다.

 우여곡절 끝에 촬영을 마치고, 아름다운 성당 50개를 최종 선정하여 글을 쓰고 촬영한 사진을 엮었습니다. 사진이 부족한 곳은 다시 방문하여 촬영하였습니다. 폭염경보가 내린 날 솔뫼성지를 다시 방문하여 땀을 뚝뚝 흘려가며 촬영에 몰두했던 기억은 잊을 수가 없습니다. 책이 나오기까지 함께한 조남대 작가의 고생이 많았습니다. 책자 발간 계획부터 중간 점검, 출판 관련까지 앞장서서 일을 해 주셨습니다. 이 자리를 빌려 감사의 말씀을 전합니다.

 〈사진가가 찾은 한국의 아름다운 성당 50선〉 책자가 전국의 성지순례나 성당 방문을 계획한 신자들에게 도움이 되기를 바라며, 가톨릭 신자가 아니더라도 서울에서 제주까지 아름다운 여행지를 찾는 분들에게 조금이나마 도움이 되기를 바랍니다. 여행 중에 근처에서 아름다운 성당을 만나면 행운입니다. 독자들에게도 그런 행운이 자주 오면 좋겠습니다.

 이 책이 나오기까지 응원해 준 가족들에게 감사의 인사를 전하며, 무엇보다 함께 해주신 하느님께 감사드립니다.

홍덕희